深度营销

解决方案式销售行动指南

王鉴 著

SOLUTION

SELLING

机械工业出版社

CHINA MACHINE PRESS

图书在版编目（CIP）数据

深度营销：解决方案式销售行动指南 / 王鉴著 . —北京：机械工业出版社，2017.1
（2024.4 重印）

ISBN 978-7-111-55901-6

I. 深… II. 王… III. 市场营销学 IV. F713.50

中国版本图书馆 CIP 数据核字（2017）第 001304 号

　　完整的解决方案式销售的策略、技巧与应用工具是必须掌握的，如此才能成为客户乐于接受的专业顾问并有效发现、解决客户的问题，呈现产品利益。本书为致力于解决方案式销售的专业人士提供一套全面、系统的行动指南，解析这一深度营销模式的六个核心阶段——客户需求调查、产品方案呈现、客户信任建立、项目签约路径、实施过程管理以及客户关系维护，搭建解决方案式销售的框架体系。

深度营销：解决方案式销售行动指南

出版发行：机械工业出版社（北京市西城区百万庄大街 22 号　邮政编码：100037）

责任编辑：程　琨　　　　　　　　　　　责任校对：董纪丽

印　　刷：固安县铭成印刷有限公司　　　版　　次：2024 年 4 月第 1 版第 19 次印刷

开　　本：170mm×242mm　1/16　　　　印　　张：14.75

书　　号：ISBN 978-7-111-55901-6　　　定　　价：69.00 元

客服电话：（010）88361066　68326294

前言

　　这是一本关于如何做解决方案式销售的行动指南，为认真做销售的专业人士准备，使他们学会从单一产品推销转为着眼于解决客户问题、帮助客户成功的深度营销。

　　营销理论我们已经知道太多，缺的是能够带来订单的实操行为。同质化竞争已成为挥之不去的现实，结果往往陷入价格战。然而产品可以没有差别，人却不可能是一样的。一样的产品不同的人在卖，结局完全不同。做深度营销就是要凸显人的作用，让从业者因为自身的优秀而在红海中看到蓝海。

　　让人成为最大的"卖点"，最有效的途径是销售人员成为客户采购过程中一个不可或缺的顾问、帮手，能够有效诊断客户的问题或需求，提供专业建议、产品方案或服务支持等，致力于客户经营成功。这也是销售的最高境界，即成为客户的"采购"，最大限度地提高他们的投资效益，构建商业伙伴关系。解决方案式销售的精髓也在于此。

　　所谓解决方案就是客户问题的对策。做解决方案式销售，意味着核心任务是发现和解决客户的问题。问题是需求之母，需求是成交之本，销售演化为一个关注客户问题、不满或困难的过程，促发客户关于改变现状的想法。由此，企业基于自身产品或服务资源，为客户雪中送炭，或拾遗补阙，或锦上添花，通过解决客户的问题赢得订单。

　　我在课堂上常问学员这样一个问题：客户什么时候愿意让你挣他们的钱？答案是当你能够帮他们挣钱或省钱的时候（或者至少让他们相信这一点）。这解释了解决方案式销售的赢率远高于一般推销的原因。后者只想挣客户的钱，常招致异议，而前者在帮客户挣钱的过程中挣客户的钱，致力于双赢。在一个做解决方案的人眼里，客户的需求绝不止于所购买的产品或服务，而在于他们最关注和想搞定的"三类人"——自己的客户（与市场机会有关）、自己的对手（与竞争资源有关）以及自己的企业（与运营效率有关）。销售就是在上述三个领域帮助客户发现已有或潜在的问题或需求，提供解决方案，如此才能帮客户挣钱或省钱。深度营销在这里得到了最直观的印证。

　　"不幸的家庭各有各的不幸，幸福的家庭总是相似的"，销售亦如此。本书的目的在于找出成功销售的行为共性并凝练为一张可复制的解决方案式销售路径导图。正如 SPIN 销售法的创立者尼尔·雷克汉姆（Neil Rackham）所言"因为我不满足于意见，我要的是证据"，以至于在世界销售研究史上有了一项长达 12 年的调研活动以及革命性的 SPIN 理论的诞生，诠释成功销售人员的独特而又共通的行为模式。

　　本书关于解决方案式销售的应用体系源于我长期的营销从业经历以及投身职业讲师之后多年的销售研究总结。一如课堂上的实战风格，书中没有那些毫无意义的"正确的废话"，力求每一章每一节都是干货，基于自己对深度营销的实践、理解、梳理与总结，原汁原味。参考文献无须很多，但必须研读很深。在我看来，那些在书中动辄旁征博引的人不是因为有多少学问，而是缺少自己的思想和专研。传道、授业、解惑不是做传声筒，而是要发出真知灼见，并因此让人获益。

　　更重要的是，一本定位行动指南的书必须建立在实践的基础上，结论或主张要有充分的"证据"，非拍脑袋或想当然。本书的"证据"来自大量真实案例的记录，贯穿全书始终，其中绝大部分是我多年在企业营销培训中发现、收集以及核实的案例，且发生在最近数年，真名实姓，就在你我身边，可复制性高。正如我在课堂上常讲的一句话："他们能做到的，你也能做到。"这是本书的一个特点，与实战、实用和实效的初衷是一致的。

最后需要指出的是，解决方案式销售大多应用于B2B（企业对企业）业务类型领域，如工业品销售、技术型销售、大客户销售、项目型销售等大宗生意交易。因此，本书所阐述的这些深度营销的流程、策略、技巧等也基于这一市场背景．并且侧重于销售个人层面的能力与行为，从微观入手，读后也更容易上手。学习无处不在，这本书是我课堂实战教学的延续与总结，在企业营销人员的案头添上一本探究销售真谛的读物，让他们有机会重新定位自己，选择一条专业化销售之路。

此刻正在上海虹桥机场等待去下一培训地的航班。又晚点了，早已习以为常。之所以选择人在旅途，是因为总感觉有一群人在等自己，一个布道者，带去一些真理和良知的碎片。不知道班机何时起飞，但我想自己一定会风雨兼程。

王鉴

2017 年 1 月

第 1 章

销售就是帮助客户成功

> 中午与客户一起用餐，随口问身边一位学员："上午老师说过的令你印象最深的是哪句话？"学员想了想，回答："是老师您说的'但凡销售做得好的人都是有大爱的人'。"霎时，我分外感动。就凭这句话，我确信他已经懂销售的真谛了。

1.1 客户什么时候让你赚钱

客户什么时候愿意让你挣他们的钱？答案是当你能够帮他们挣钱或省钱的时候（或者至少让他们相信这一点）。这就是解决方案式销售的赢率远高于一般推销的原因。后者只想挣客户的钱，常招致异议，而前者在帮客户挣钱的过程中挣客户的钱，致力于双赢。

美国通用电气（GE）前首席执行官杰克·韦尔奇有一句非常著名的话："我们发现一个不争的真理：如果我们所做的一切是使客户更加成功，不可避免的结果是对我们财务上的回报。"用大白话讲，就是我帮你挣钱，我才能挣你的钱。当然，"挣钱"在这里是一种泛指，本质是解决客户的某种问题，满足客户的某种需求，成为客户的顾问与伙伴，与客户共同成长。1981 年 4 月，年仅 45 岁的杰克·韦尔奇成为通用电气历史上最年轻的董事长兼 CEO。20 年间，正是在这一经营理念下，通用电气的市值由他上任时的 130 亿美元上升到了 4800 亿美元，盈利能力也从全美上市公司排名第十跃升至全球第一，成为世界第二大公司。2001 年 9 月杰克·韦尔奇退休，被誉为"最受尊敬的 CEO""全球第一 CEO""美国当代最成功、最伟大的企业家"。

那么，什么是解决方案式销售？站在个人销售行为层面，就是有效诊断客户的问题和需求，并提供有针对性的产品、服务资源与支持，帮助客户达成目标，担当顾问而不只是做推销，解决问题而不只是卖产品，保证客户经营成功，构建合作伙伴关系。

站在企业经营行为层面，就是与客户深度合作，搭建解决方案平台，发现或定义客户的价值需求，据此提供相关的产品、服务、信息等组件，并集成为一系列定制化的应用方案，进行以客户价值创造为核心的服务营销。

全球食品与饮料包装业巨擘瑞典利乐公司（Tetra Pak，简称利乐）在解决方案式销售领域堪称典范。在其官网上，利乐一直将自己定义为"食品加工和包装解决方案供应商"。60 多年来，利乐始终定位于一个食品与饮料行业的积极参与者与合作伙伴，帮助其客户经营成功并与之共同成长。在中国，蒙牛和伊利的成长始终与利乐的全方位支持和服务相连。据称，蒙牛上市成功的时候，服务蒙牛的利乐团队和蒙牛的管理团队抱头痛哭，这说明利乐的服务已经深入客户的核心经营层面，面对这样的供应商客户又怎能说不？

自进入中国市场以来，利乐已成为在华最大的软包装供应商。利乐的销售人员不仅精通包装产品与技术、营销手法，还深谙客户从事的饮料、奶业等领域的专业知识与行业发展。在销售过程中他们首先要求全面了解客户，特别是客户在经营过程中的困难，其次千方百计地帮助客户解决问题，提供的服务包括为客户设计饮料与牛奶的推广方案、传授销售技巧、提供饮料与牛奶进入超市的策略、规划全国市场的物流运营系统，等等。此外，利乐还为某些新成立的饮料奶业公司诊断企业管理问题，培训管理人员，甚至聘请专业咨询公司全面诊断客户的管理或营销并提供咨询。

利乐的解决方案式销售保证了客户的问题能随时得到解决。客户买到的不只是利乐的设备、包装材料，更为自己找来了一个专家团队。这样即使利乐的包装材料比竞品贵，客户还是愿意购买，因为不仅利乐的产品，更重要的是利乐的销售人员能保证自己成功。

1.2　解决方案式销售的内核

当你问一个销售人员或主管，他们公司是不是为客户提供解决方案，他们的回答几乎都是"是"。然而，当你问他们最近一次为客户提供的解决方案是什么，答案往往是一组产品或服务，可用"产品套卖"来形容。这不是"解决方案"的本质，充其量是一种"系统销售"，即向客户提供一组综合、系统的产品或服务群，通过一揽子销售对接客户的采购计划，达成交易。

1.2.1　致力于客户经营成功

"解决方案"一词被套用如此之多，以至于没有人真正了解其真实的含义。于是，当销售人员说他们在提供解决方案时，客户自动忽略了这些词语，对他们而言这只是一个再普通不过的销售和市场用语罢了。一家市值过亿的公司的老总坦言："我们希望真正成为一个解决方案型公司，企业的市场口号是'我们销售和交付解决方案'，但实际上只停留在宣传手册和形象广告上，这么多年，我们并没有真正地做解决方案！"

那么，"解决方案"的定义是什么？答案是"客户问题的对策"，具体而言，是供应商和客户彼此深度了解、产生交集，在合作中针对客户的问题共同拟定对策，提供资源，以帮助客户实现既定的商业目标。这一过程已远超出纯粹的买卖行为，如同请设计师规划家装，请理财顾问指导投资，是交互式和个性化的。做解决方案式销售意味着核心任务是发现和解决客户的问题，成为顾问与伙伴。这是合作的起点，也是成交的终点。

从一个产品销售型公司转型为解决方案型公司，需要在企业和员工两个层面实现变革，能够洞察和分析客户的问题，并基于公司的产品、服务能力引导客户，制订独特的解决方案。

当客户意识到自己的问题所在，销售人员需要有效加以诊断和引导，如同医生看病一样——望、闻、问、切，帮助客户找到症结，产生"治病"的需求（也意味着销售的机会），进而对症下药。

若客户没有认识到自己的问题，比如自我诊断能力有限，或者未能站在战略角度直面未来可能的挑战，安于现状（也就是让销售人员最为痛苦的"满意的客户"），此时，销售人员更要帮助客户发现隐藏在背后的问题，清晰定义及描述客户的价值需求，未雨绸缪，激发客户改变现状。其实，这正是企业寻找和挖掘潜在商机的过程，体现了解决方案式销售的前瞻性以及与一般推销的不同之处。

1.2.2 腾讯如何做解决方案

腾讯凭借 QQ 和微信等一系列深刻改变人们生活的社交和通信服务，把全国人民做成了客户。不过也许你不知道，腾讯的强大不仅在于网游、Q 币这些人们耳熟能详的平台让其财源滚滚，还体现在给中国企业带来的深刻的商务变革和解决方案。最近在给腾讯商务团队授课时，就见证了他们是如何利用腾讯的通信网络资源帮助客户做大做强的。课后留下的"导师评语"是："腾讯的成功，本身就是解决方案式销售的最好实证：创造客户价值，帮助客户成功。"

◎ **案例 1-1**　　　中通速递手机 QQ 公众号开发项目

产品背景

众所周知，尽管 QQ 和微信同属于腾讯，但两者的竞争势头一直没有减弱。现在为了继续在移动领域和微信抗衡，QQ 开放了公众平台，而且注册流程比微信公众平台更简单。与微信一样，QQ 公众号也分为订阅号和服务号两类，前者倾向于信息推送，后者侧重于功能服务。

不同的是，QQ公众号在显著位置保留了与商家客服一键语音通话的功能，通过手机QQ接通的并非传统的客服，而是专为手机QQ用户设计的、带有可视化菜单的服务。事实上，使用过程中的感受更像是通过语音引导来完成寄件、查件等服务，因为这些服务也可以通过底部的菜单直接完成，就像微信公众号那样。

在QQ公众号上通过语音通话（引导）能做的事，在微信公众号上使用菜单一样可以完成，但两者的感觉是不一样的。正如我们要把一件事通知给某人的时候，可以微信或QQ留言、可以发短信、可以打电话，但打电话一般都是紧急而重要的事情。

目标锁定

带着"哪些企业有我们所能解决的问题"的思路，腾讯手机QQ商务团队很快瞄上了一批潜在客户，其中之一便是中通速递。

中通速递创建于2002年5月8日，拥有员工10万余人，服务网点5000余个，分发中心59个，运输、派送车辆18 000多辆。其服务项目有国内快递、国际快递、物流配送与仓储等，提供"门到门"服务和限时（当天件、次晨达、次日达等）服务……

腾讯手机QQ商务团队前期在对中通速递的业务与运营流程的全面调研中，发现真存在的诸多业务问题有可能在手机QQ平台得到解决。他们还发现中通对新事物的接收程度高，有一定技术积累，当时除了自营的网站平台外，中通已陆续在微信、支付宝等平台建立了自己的公众号。无疑，"门当户对"的中通随即被锁定为下一个重点开发的目标客户。

腾讯商务人员与中通速递的客服和IT等部门进行了多头沟通，包括采购方、需求方、实施方等，导入手机QQ公众号的概念，解决中通在个人终端用户开发和服务方面遇到的问题。

问题分析

中通速递的主要服务对象为终端个人用户。腾讯了解到，为了能更好地吸引和服务这些用户，中通承受着运营成本大幅提升的压力，主要表现在如下几个方面：

1）非粉用户的服务触达难：尽管微信和支付宝提供了服务信息的发送功能，但使用前提是用户必须已关注其公众号，这造成了大量未关注用户的服务空窗和黏性降低。

2）短信成本高：物流信息轨迹的发送造成巨额的短信成本负担。

3）通信成本高：订单管理、投诉管理等都需要大量的电话客户服务，因而造成了巨额通信成本负担；当客服繁忙时，用户体验不佳，缺少用户关怀造成客源流失。

4）销售通路少：在控制成本的同时，中通希望借助更大的平台导流，吸引用户下单促进业务成交。

由于已在微信等平台开通了公众号，中通速递的客服和IT人员担心如开发手机QQ公众号，会大幅增加他们的工作量。

解决方案

在理清了上述问题后，腾讯基于手机QQ公众号的功能，有针对性地提出了如下解决方案：

1）实现非粉信息发送：只需提供发件人和收件人的手机号码，即可通过手机QQ为其发送物流轨迹信息，即使用户并没有关注该公众号。同时，为避免用户被信息打扰，公众号推送的消息均由服务场景触发，既能有效触达又不影响用户体验。

2）提供短信发送：通过手机QQ承载原短信运营商的信息发送业务，大幅降低商户成本。

3）实现通话功能：借助QQ强大的语音功能，联结中通的客服系统，为其和用户之间搭建互联网的通信桥梁，大幅降低通信成本；同时，当客服电话显示时，会即时推送关怀短信，增加用户黏性。

4）提供同城服务平台：为手机QQ用户提供服务的同时，也为中通增加引入客流的机会。

关于工作量问题，腾讯在方案中采用类似微信的标准化功能接口，并提供标准化文档说明，如同一站式服务，帮助客户轻松、快速地完成手机QQ平台的搭建和应用。

项目回放

回顾项目开发全过程，手机 QQ 公众号的导入历经了如下阶段。

步骤 1

目标：导入概念，建立关注

行动：1）初步接触，界定中通速递与此项目有关的采购、需求、实施等关键部门和人员。

2）通过多次通话和走访，介绍手机 QQ 公众号的概念与功能，讨论和探究其适用于中通的应用需求，并提供行业案例，引发客户更多关注和兴趣。

3）了解中通的预算和对项目的期望效果（客户的 KPI）。

步骤 2

目标：定义需求，改进方案

行动：1）梳理前期获得的客户应用需求，分析后对产品功能进行相应调整或补充。

2）根据中通的实际业务内容、预算和期望效果（客户的 KPI），完成定制化的手机 QQ 公众号设计，贴合中通运营要求。

3）实时将改进方案和效果反馈给中通的相关人员，使对方感知新技术的适用性及其效益，并与客户一同商讨方案的优化。

步骤 3

目标：呈现利益，持续跟进

行动：1）对客户的 KPI 关联方保持较高频率的沟通，深入介绍功能的细节以及对其 KPI 达成的帮助。

2）对采购方保持适当频率的接触，检视内部采购过程中是否存在障碍、问题甚至竞争对手，并从其他途径寻求解决办法。

3）适当提供免费服务或产品试用，通过体验式营销进一步建立客户信任，增加用户黏性。

步骤 4

目标：把握时机，完成签约

行动：1）如果客户能够采纳相关的建议，则可以落实进一步的合作洽谈，包括费用明细、售后服务等。

2）一旦确认合作意向，及时快速签约，明确双方权责，避免交易过程中发生意外。

3）兑现承诺，履行义务，降低风险，扩大战果！

1.3 学会做建设性拜访

在1.2节中已提及，从产品销售型公司转型为解决方案型公司，需要在企业和员工两个层面实现变革。企业的转型固然重要，但常常不为我们所左右，指望自己的企业一夜之间如通用电气或利乐一样优秀是不现实的。作为销售人员，首要之事是做对自己。"态度决定高度，思路决定出路"，这两句话已经为销售人员的成功与否做了最好的诠释。

1.3.1 带着构想见客户

一样的产品不同的人在卖，结局完全不同。显然，人永远是第一生产力，再好的产品、再优秀的营销策划最终形成订单和利润，还是要靠销售一个个去完成。特别是企业对企业销售（B2B）、工业品销售、大客户销售、项目型销售及大额订单的交易等业务模式，销售过程是由一次次访谈和跟进构成的，每一次客户拜访的成败决定了销售最后能走多远。解决方案式销售就是从这里起步，不再抽象，成为销售人员行为模式和业绩的分水岭。

那么，做解决方案的销售人员在平常每一次与客户的接触中，明显区别于推销的是什么呢？答案是做建设性拜访。

有经验的销售人员懂得对客户做建设性拜访的价值，这可以使自己的收获远远超出其他人。案例总是明白道理的好办法。有一位销售冠军在20多年里卖过多种产品，不管在哪里，业绩总是遥遥领先。有人请教其成功经验，他说："我总是带着一个有益于客户的想法去拜访。这样，被拒绝的情况自然减少，受欢迎的程度得以提高。销售要做建设性的拜访。"

一次，销售代表想把地板卖给一个潜在客户。对方是一位技术专家，当时正计划创立一家水质净化器制作与安装公司。为了能够赢得客户，他在认真思考一个有建设性的想法。一天在拜访另一个客户时，销售代表无意中在资料架上看到一本水环境方面的技术杂志，便一页一页翻阅。结果，发现了一篇与水质净化有关的工程论文——论述在蓄水池表层安装保护膜的技术。

销售代表复印了文章，第二天带着资料去拜访那个客户。对方看到文章后十分高兴，称这正是他们关注的技术方案，双方一下子拉近了距离。此后，销售代表与客户交往一直都很顺利，最终拿下了订单。

可以说这是巧合，杂志营造了机会。但如果没有建设性拜访的想法，即使看到了杂志又如何呢，什么事都不会发生。而在这个案例中，正因为带着构想去见客户，销售代表才能对一切机会有着本能的机敏和反应。

解决方案式销售带来的首先是思路，变推销为解决客户的问题，如此能看到光明的出路。这比对客户说"我是来卖什么的"更能打动对方和创造机会，尤其是在做连续性客户拜访和销售跟进时，销售代表带给买家一个有益的建议或构想可以起到事半功倍的效果。

如果说这个销售代表多少有些"运气"的成分，那么益海嘉里（嘉里粮油）的一位销售高品质面粉的业务人员则完全靠思路和态度赢得了机会。益海嘉里是领先的农产品和食品生产商，在中国经营业务已超过20年，成为多个细分市场的领导者：最大的油籽压榨生产商之一，最大的食用油精炼生产商之一，最大的小包装油、特种油脂和油脂化学品生产商之一，最大的米面加工商之一，旗下金龙鱼则是领先的小包装油品牌之一。在给公司销售团队做训前调研时，解读了这样一个案例。

◎ 案例 1-2 益海嘉里的建设性拜访

客户背景

云南保山辉来食品（简称辉来）在保山是面包连锁第一品牌，拥有6

家门店。经由益海嘉里一位经销商的引荐，销售人员找到了这个目标客户，并事先进行了背景调查，包括公司在当地的市场业绩、竞争形势以及老板本人的性格、商业目标等。

访前准备

基于上述信息，接下来如何对辉来做好拜访，销售人员拟订了一个访谈计划，内容包括：

（1）适用辉来食品的面粉选择（品种、价位、市场前景等），并准备好呈现方案（针对其业务问题和竞争状况设定，如这些面粉如何帮助辉来在产品差异化、利润率或市场占有率等方面建立优势）。

（2）带上益海嘉里技术人员，提出可对辉来食品进行业务培训和技术辅导，以便后续跟进。

（3）备好样品，以直观、鲜明的产品效果激发客户采购的欲望与信心。

（4）针对前期了解到的辉来现有供应商在服务上的短板，拟定益海嘉里独特的配套服务内容，做差异化营销。

访谈重点

与客户见面，会谈的内容主要围绕上述四点展开，销售人员也因此主导了会谈，按照既定的话题和节奏进行。更重要的是，在客户眼里，益海嘉里的销售人员不再以"我是做推销"的动机来拜访，而是以"我是来帮助你解决问题"的想法与自己进行交流，从内心接受和认可眼前的这个人。于是，拜访结束双方很快达成了下一步的工作内容，即由益海嘉里提供培训和试样。

客户能够接受培训和试样证明销售成功了一半，接下来要做好的就是后期的落实与持续跟进。经过益海嘉里的产品试样和技能培训（主要针对辉来的生产人员、门店销售人员），客户深刻地感受到，与益海嘉里合作能为他带来财富。不久，益海嘉里的销售人员很顺利地与辉来签订了合作协议，成功签单。

销售启示

事后，销售人员就辉来的签单过程总结出如下几点：

（1）做好客户需求调查。有很多渠道，如通过推荐人了解、通过当地市场了解，或通过其他供应商了解，把握好客户的需求与市场状况，如他们的业务特点及现在所面临的问题、希望达到的目标，为使拜访有建设性和推出解决方案打下基础。

（2）了解客户偏好或乐于接受的销售方式，获得好感，建立信任。一是对人的信任，二是对公司的信任，三是对产品的信任，为达成合作做好铺垫。

（3）帮客户算好账。通过前期对客户的了解，算一算使用益海嘉里产品的好处，以及使用益海嘉里的哪个产品比较适合该客户的市场及业务需要，甚至可以帮客户测算引进新的产品后能够产生多少利润，怎么做能达到最佳性价比。

（4）做好售前售后服务工作。任何时候，服务都是决定长期合作的制胜关键。

1.3.2 成为一个问题解决者

最近一次给德国艾森曼公司做销售培训（艾森曼公司是汽车配件、涂装设备、环保设备、热处理设备、自动输送设备等行业全球领先的供应商），中午与客户一起用餐，随口问起身边一位学员："上午老师说过的令你印象最深的是哪句话？"学员想了想，回答："是老师您说的'但凡销售做得好的人，都是有大爱的人'。"霎时，我分外感动。就凭这句话，我确信他已经懂销售的真谛了。

的确，销售绝不只是精明或一味的"狼性"，更不是忽悠与算计。销售是胸怀有益于客户的想法做建设性拜访，在进门之际问自己一个问题："这次我能为客户做什么？"本质上，销售人员着重于为客户解决问题，或雪中送炭，或拾遗补阙，或锦上添花，不管在客户层面还是个人层面。好的销售人员说"您"字的频率远高于"我"字，始终关注客户，成为他们采购过程中的外脑与帮手。所以，每当自己作为客户看到一张张冷脸，遭遇一次次拒绝（比如在机场、宾馆、商店、银行被服务的经历或碰上一个不负责任的供应商），就特别为他们感到悲哀。要知道，这些现在想方设法少付出的人，将来会失去更多。

面对产品雷同的红海，能够站在客户角度，做建设性拜访的销售人员，机会往往能够翻倍。比如，一位销售代表专挑那些有独家供应商而合同快到期的目标客户，告诉对方，让我入围你们的供应体系，即使只占少量份额，你就有了与原供应商续约谈判的筹码与话语权。此时，销售代表卖的已不是自家产品，而是客户需要的价格谈判与成本控制的解决方案，并且屡屡赢单。类似的故事比比皆是，最近在给邮政系统讲课时就有一例。

◎ 案例 1-3   巴布洛生态谷贺卡门票项目

巴布洛生态谷位于南京市最北端，占地 1 万多亩⊖，内有生态种植园、生态牧场、天然湖泊，风景优美，每逢节假日，游客络绎不绝。当地邮政的客户经理通过一次深入走访发现景区所售门票是其自行设计印制的普通门票，票面为园区风景，没有任何特色，而现在的游客都有相机、手机，风景自己拍照留存。在景区出口的路边，随处可以看到游客丢弃的作废门票。

这之前，邮政的工作人员曾多次拜访该公司，希望可以为它制作门票并印上广告向社会投放，但每次都无功而返，客户总以"再商量""再考虑"为理由拒绝。可就是这次不经意的发现，让工作人员感到商机来了。如果把门票设计成邮政明信片样式，游客在门票使用后可以当明信片寄给自己的亲朋好友，甚至把这张寄出的明信片当作下次来玩的优惠券，那生态谷人气岂不更旺？

于是，邮政的客户经理再次到该公司拜访，肯定它的景点风景优美及营销策划的成功。会谈渐入佳境之时，客户经理冷不丁地抛出了一个问题：我们经常可以在景区出口处看到大量丢弃的废票，多浪费多可惜！

客户无奈地回应："是啊，好几毛钱一张呢！"邮政的客户经理随即

⊖ 1 亩 =666.6 平方米。

提出了一个让对方意想不到的方案,把门票设计成明信片的样式,印上邮资,游客游玩后可以当作礼物寄出,给他们的亲朋好友,既免去了浪费,又给生态谷做了一个免费的广告,收到明信片的人过来玩可以把这张卡片当作优惠券,客户群就会进一步扩大!

紧接着,邮政的客户经理给了客户另一个"惊喜":在之前走访中,他们发现景区的农产品展览馆因位置偏,去的游客少,所以建议在馆内设置一个小型的主题邮局和邮筒,把游客引导到那里寄明信片,别有情趣,更重要的是能迅速提升展馆的人气,多做业务。

整套方案毫无悬念地打动了客户,因为这能给生态谷带来业绩。第一单顺利完成5万改明信片的制作,实现6万元的销售收入。

可以假设一下,如果换一个销售,遇到客户拒绝就到此为止,没有深入景区调查,找出客户的问题,最后邮政也不可能得到这个项目。我平日在课堂上常对学员讲一句话——"产品是无辜的,而我们(销售)是'有罪'的",不无道理。

总之,一个解决方案式销售的实践者在企业和个人两个层面有如下共识。

世界汽车零部件制造业巨头 AAM 公司(American Axle & Manufacturing)在其官网上有这样一段话:"通过与客户的合作,我们发现真正满足客户需求的不只是产品 而是由产品承载的问题解决方案……我们致力于成为客户的顾问,帮助他们提高生产效率。"这是一个解决方案式销售实践者的企业宣言。

世界著名的市场调研机构盖洛普曾对 50 万名销售人员做过调查分析,发现优秀者大多在四个方面有突出的表现:一是持久的内在动力,即有强烈的进取心和对成功的渴望;二是严谨的工作作风,即善于制订详细、周密的工作计划,并不折不扣地执行;三是扎实的专业能力,即熟知产品和市场,是行业专家(自己的和客户的);四是强烈的客户意识,即真诚,能与客户建立良好的关系,站在客户的立场看问题,致力于为客户解决问题。这是一个解决方案式销售实践者的个人宣言。

1.4 解决方案式销售路径图

面对产品高度同质化且客户需求日趋复杂和精细的市场，企业营销如何胜出？解决方案式销售开辟了一条成功路径——从单一产品推销转变为向目标客户提供解决问题的系统方案。立足于客户问题分析及解决方案定制，这一全新的营销理念和流程要求供应商不再止于交易单件产品或服务，而是深度诊断客户经营中的难点、关注与需求，强调全过程、多方位的咨询与服务，为客户提供解决问题的思路和手段，从而保证客户经营成功。

完整的解决方案式销售的策略、技巧与应用工具是必须掌握的，如此才能成为客户乐于接受的专业顾问并有效发现和解决客户的问题，呈现产品利益。本书为致力于解决方案式销售的从业人员提供一套全面、系统的行动指南，深度解析这一营销模式的六个核心阶段——客户需求调查、产品方案呈现、客户信任建立、项目签约路径、实施过程管理以及客户关系维护，搭建解决方案式销售的框架体系（见图 1-1）。

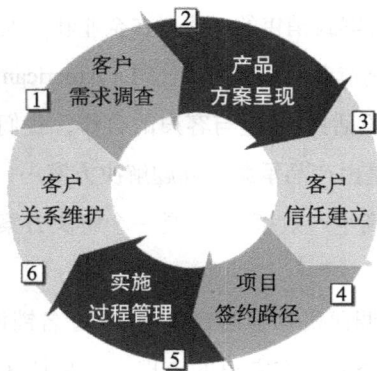

图 1-1　解决方案式销售体系

阶段 1：客户需求调查

做销售，会说的是新手，会问的是能手，会听的是高手。需求是"问"出来的，如医生坐诊，先要"望、闻、问、切"。卖产品的人被称为推销员，做解决方案的人则被视为顾问。前者只想到说，眼里只有产品，后者则很会问，设法让客户多说。两者对销售的影响孰优孰劣，不言自明。所谓"顾问"，"顾"即看，意味着关注客户，目中有人；"问"就是提问，了解客户的现状、问题和关注，从中找到客户需求和解决方案。

不过，销售行为本身不足以决定客户需求的有无。客户什么时候才会有需求？答案是当他们遇到问题的时候。"解决方案"是解决客户问题的方案，而解决问题的前提是有问题，或者客户对现状有所不满。客户需求调查正是在试图发现这些问题、困难和不满，并让他们有解决的意愿。需求是成交之本，问题是需求之母，这是对销售原理最好的诠释。没有完美的客户，销售始终有机会基于自己企业的特定资源或优势，为客户雪中送炭，或拾遗补阙，或锦上添花，通过解决客户问题赢得订单。

1. SPIN 销售法

需求的发现在于"问"，但不是"问"了就成为"顾问"，需求也不可能一"问"就有，如此销售就成为儿戏了。说到底，"问"体现了解决方案销售中的一种与客户深度沟通的技法，必须有设计，有逻辑，有体系，并与倾听并重，事先对客户有尽可能多的了解，从而在访谈中能够以专业、严谨和关怀的方式与对方沟通，诊断客户的问题、关注或需求，找到销售的切入点。把这样的沟通技法做到极致并加以归纳、提炼进而建立理论体系的就是 SPIN 销售法，也被认为顾问式销售的核心技术。

基于一个极其繁复的销售研究：历时 12 年，覆盖 23 个国家，涉及 24 个产业，对共计 3.5 万个销售拜访的观察与分析，美国心理学家尼尔·雷克汉姆在 20 世纪 80 年代末创立了在世界销售史上具有里程碑意义的顾问式销售学说，其核心即 SPIN 销售法——四种提问的组合：背景问题（Situation Questions）、难点问题（Problem Questions）、暗示问题（Implications Questions）、价值问题（Need-Payoff Questions）。这一理论和策略已成为在当今激烈竞争和不断变化的市场环境中成功销售的新标准

（SPIN 是缩写，即四种提问英文首写字母的组合）。

SPIN 销售法的内核在于以发现和解决客户的问题为出发点，运用一系列启发式的提问使客户产生解决的意愿，并把产品与客户的需求联系起来，将销售引向成交。可以这样理解，SPIN 销售法不是一种学术发明，而是基于实例的成功"证据"。

一个顾问式销售的访谈可以分为四个步骤：访谈开场、需求探询、显示能力、取得承诺。SPIN 销售法作为一种向买方提问的深度沟通技巧，出现在第二个步骤"需求探询"中，目的在于发现潜在客户的问题和需求，达成销售。

"访谈开场"以客户为中心设定话题，吸引注意，获得好感，建立信任，并把握好提问机会使访谈进入下一阶段。"需求探询"在于沟通现状，引导需求，即通过有效提问与对话，发现客户潜在的问题及解决问题的意愿。这是访谈最重要的阶段，也往往为销售人员所忽视。"显示能力"则基于前期发现的客户的问题或需求，提供相应的产品或服务，详解如何帮助客户达成目标。"取得承诺"是找出能够推进销售的多种设想、建议并得到客户承诺，由此创造下一步跟进的机会，即做到"进门之前有目的，出门之后有结果"。

SPIN 销售法尤其适用于 B2B 业务类型的销售。由于目标客户采购项目重大、技术含量高、周期长，因而决策时间较长，参与人员较多，采购风险较大，且订单竞争异常激烈，这种以客户为中心的深度营销更能决定销售的成败。

2.需求深度分析

SPIN 是发现需求的通道，其本身不代表需求，而需求才是销售最核心的元素，这比 SPIN 更重要。那么，需求在哪里能被找到？客户的问题都是什么？我们需要一个答案，一个具有普遍意义的思维导图，据此指导销售实践，提高订单赢率。答案是需求在于客户最关注的三类人——客户的客户、客户的对手、客户自己。

客户的客户

客户关注他们的客户，需求在于如何获取自己的市场开发机会，提高销售额，增加利润率，建立他们的客户满意度或忠诚度，等等。一旦在这方面出现问题、短板，或者意识到还有改良、提高的空间，客户必定要一个解决方案，需求由此产生。所以，销售可以在这一层面进行调查、分析，关注客户的市场，找到其痛点，并提供产品或服务资源，帮助客户搞定他们的客户。当客户认同并接受你的方案，也就意味着成交。

"客户的客户"在这里有两层含义：一是销售人员基于自己的产品或服务资源，与客户一起工作，最终帮助客户搞定他们的客户，从而达成交易；二是设法找到"客户的客户"，让他们认可你的产品或服务，反过来帮你搞定你的直接客户，推动交易达成。"客户的客户"分外部客户和内部客户两种情况，需要销售人员审时度势。

客户的对手

客户关注他们的竞争对手，需求在于如何确立竞争优势，走差异化路线，做创新的产品，巩固或提高自己的市场地位、行业排名，等等。当前企业面临的营销困境是产品性能同质化严重，买方市场日趋强势。另外，客户需求日益差别化、精细化，一招鲜的神话不复存在。市场的丛林法则对企业是不进则退的挑战。他们需要帮助，需要与众不同，能够在红海中看到蓝海。这正是销售机会，让客户登上你的诺亚方舟。

需要指出的是，"客户的对手"并不意味一定要打败对手。有时，客户力图向行业标杆学习、靠拢，销售人员可以导入这些优秀企业（对手）的成功资源；有时，客户迟迟下不了决心购买，销售人员可以告诉客户有多少公司（对手）已经在做了，效果和业绩如何，用成功案例来推动交易；有时，客户需要一个更好的行业排名，销售人员可以帮助客户找到晋级的机会或实现的路径……这些都属于"客户的对手"的范畴。

客户自己

客户关注他们自己，其实就是持续改善企业运营的需要。在评估、选择供应商时，客户大多考量：采购成本（包括采购价格、后期的运营、维护成本及风险等）、交货期（涉及供应商的产能及供货能力，特别是断货的风险）、产品性能（包括品质表现、功能设计、技术先进性、研发能力等）、服务支持（指供应商在售后保障方面的承诺与执行力）等。

当然，客户关注的还远不止这些。销售人员要做的，就是在上述这些领域深入调查，做一个发现者（可以用 SPIN 这样的方法和技巧），找出在成本、交期、产品或服务方面客户可能有的问题、困难、不满、瓶颈、挑战或潜在风险，为客户提供解决方案。这便是成交的机会。

阶段 2：产品方案呈现

杰弗里·吉特默（Jeffrey Gitomer）在其《销售圣经》中有一段经典的话："给我一个理由，告诉我为什么你的产品或服务再适合我不过了。如果你所销售的产品或服务正是我所需要的，那么在购买前，我必须先清楚它能够为我带来的好处。"这里说的"好处"是客户希望可以通过产品得到的一种利益。

客户在购买中希望得到的利益到底是什么？换言之，是哪些利益因素在驱动客户买或者不买？我们需要对这一命题做出系统、完整的总结。如此，才有可能梳理和准确判断客户买或者不买行为背后的动机，找到一面透析客户的镜子，提高订单赢率。

1."3 + 5"利益法则

以解决方案式销售的视角，可以给"利益是什么"一个完整的答案——"3+5"利益法则，即 3 种企业利益和 5 种个人利益。

企业利益

如前所述，客户需求在于其最关注的三类人——客户的客户、客户的对手、客户自己。销售人员就是在这三个领域发现客户可能有的问题、困难、不满，进而提供解决方案，帮助客户达成既定目标。所以，客户最终购买的不是产品，而是在这三个领域中希望得到的某一特定的结果。

个人利益

马斯洛把需求分成生理需求、安全需求、爱和归属需求、尊重需求和自我实现需求五类，依次由较低层级到较高层级排列。在分析客户购买行为背后的利益驱动方面，我们同样可以导入这一理论体系，以销售的视角逐一找出五个层级中客户可能关注的个人利益或者抱有的动机，为接下来产品方案的有效呈现指明方向。这 5 种个人利益与已归纳的 3 种企业利益构成了完整的"3+5"利益法则，涵盖客户几乎所有买或不买的理由。

在"生理"层面，决定买与不买的动机包括个人习性、工作便利、商业潜规则，以及对地域、年龄、性别等因素的考虑。客户总是愿意与自己习性相近的人在一起，因而找到对方的关注点、兴趣点，第一时间获得好感，建立信任，销售才有下文。工作便利也是客户决定购买背后的驱动因素之一。不管做不做到，很多企业都标榜为客户提供"一站式服务"，就是想在省时、省力、省心的客户工作便利上做文章，找到利益点。

在"安全"层面，采购有风险，交易需谨慎，只有足够信任供应商，客户才会埋单。太多的客户说"不"，不是因为供应商不好，而是因为客户看不到供应商的好。即使经过慎重比较，选择了自认为最好的供应商或产品，客户在下单的最后一刻仍可能因害怕买错而却步。如果销售人员未能有效应对这些疑虑，结果可想而知。因此如何审慎处理客户的采购风险心理引发的问题，也是销售人员学习的重点之一，这与产品本身是否优秀无关。

在"归属"层面，"归属感"在客户 5 种个人利益中尤其重要。销售有一种说法——"客户买东西其实是买感觉"，何谓"感觉"？应该就是归属感了。客户的归属感源于对特定产品的使用习惯，与供应商的亲密程度，更换供应商的时间、精力成本，对某一品牌的偏好，等等。如何从无到有，培养客户对自己的归属感，以增加订单的赢率呢？3 种行为决定了归属感的有与无，归纳成一个等式：归属感 = 主动跟进 + 与人交心 + 售前服务。

在"尊重"层面，客户作为个人在购买过程中关注两个方面：一是外部供应商的尊重，诸如态度、响应时间；二是内部身边人的尊重，诸如因采购成功而被重视和赞赏、个人业绩。"态度好"的供应商往往更容易被客户接受，因为客户渴望被尊重。相比而言，得到组织内部人员的尊重有时更让客户期待。这种尊重常以被人（雇主、同行或朋友）认可、重视、赏识等形式表现，或通过荣誉表彰、特殊奖励、绩效评定等途径实现。赢得尊重在很大程度上取决于他们的工作表现，比如 KPI 指标的完成情况，这是销售人员需要关注的地方，也是机会，帮助客户成功是自己成功的前提。

关于"自我实现"，司马迁在《史记》的第一百二十九章"货殖列传"中有一惊世名言："天下熙熙皆为利来，天下攘攘皆为利往。"其实，利与名始终交织，"利"到深处就是"名"，体现在客户个人利益的最高层级——"自我实现"，"名"的考量就成为重心，可以包括职业发展、学术地位、社会声望、从业政绩、特殊荣誉、个人理想，等等。

2. "集成式" 解决方案

站在企业经营层面，解决方案需要更多关注目标市场的普遍问题而不局限于单笔交易，搭建解决方案平台（组织架构、业务流程等），整合产品、服务、信息等组件资源，把方案做成产品。开发基于市场细分或行业应用的"集成式"解决方案，是企业在实施解决方案式销售中应有的战略高度，从个人"加工"转型为公司"量产"，从单笔买卖上升至批量交易，大大扩展这一营销模式的辐射面与效能。

解决方案式销售作为一种先进的企业营销模式，应具备以下若干模块。

定制化产品

基于市场细分与行业差异，提供不同的有针对性的产品及应用方案，并提炼出解决方案的最大卖点或独特的价值主张。诸如富士施乐针对政府部门、工程设计部门、大中小型企业客户分别展示了不同的产品方案，如总体拥有成本解决方案、高印量文件输出解决方案、大幅面文件管理解决方案等。

全程式服务

基于"一站式服务"与客户一同工作。在帮助客户实现收益最大化的同时达到成本最小化（使客户省钱、省时、省心或省力）。所以，能够提供"一站式服务"的解决方案型企业必然能够成为赢家，通过前期价值性建议以及后期价值性服务为客户戴上一副"金手铐"。

平台化运营

解决方案式销售需要组织及业务流程上的支持，诸如 IBM、惠普等 IT 公司为销售解决方案而成立了咨询公司或相关咨询部门，提供组织及知识保障。工业品企业为销售解决方案大多设立销售工程师的角色，负责向客户说明解决方案的应用，协调资源并做好项目的执行、跟踪。所以，企业必须扮演平台搭建者的角色，以组织架构、业务流程等要件为支撑，有效整合产品、服务、信息等组件资源，"批量"生产解决方案。

世界著名的市场研究及管理咨询机构盖洛普的 CEO 克利夫顿指出，企业实现增长的有效途径就是与客户建立顾问型关系。对于企业尤其是大型企业，价格在其与客户的关系中只应发挥 30% 的影响比重，而建议则应占据 70% 的比重。对这一论断，利乐应该是最直观的印证。当今标榜做解决方案的企业不胜枚举，真正能做到位的为数不多，能够做到极致的更是凤毛麟角，但利乐就是其中一个。因为在定制化产品、全程式服务及平台化运营方面做法独到，这家世界 500 强、全球最大的食品包装企业甚至让国内乳业客户有了利乐"依赖症"。

阶段 3：客户信任建立

在购买决定前的最后一刻，客户普遍的顾虑是万一决定错误会带来的风险或惩罚。采购本身的规模、复杂性和重要程度都会迫使客户注意和规避这些风险。很多时候这些顾虑不会被轻易表达出来，而代之以一种体面的拒绝，如"你们的价钱比别人的贵"或"我们还要再研究一下"，其实对方心里真正想的是"我担心如果决定有错，会很被动"。

两句话可以解释客户在购买前最后一刻的不安全感：买家不如卖家精（怕上当），以及没有一个供应商是完美的（难选择）。这里的"买家不如卖家精"并非谴责卖家如何算计或欺骗买家，而是指信息不对称可能导致的信任缺失。比如当卖家说了一个"最低价",可能在撒谎,也可能是真的,但不管哪种情形,买家都无从考证,自然也就心存顾虑。当然买家可以预先做些市场调研,可毕竟视野有限,何况时间、精力、专业知识等条件都有可能成为制约因素,结果因怕上当而迟迟不敢下单。

与此相反,有些客户却冲着"最高价"去。比如装修,满大街的装修公司不找,却与本地最大也是最贵的一家装修公司签了合同。准备烧钱吗?当然不是,你的想法是房子装修是大事,得找一个靠得住的。人家公司这么大,又经营了这么久,一定可以放心,钱多花点值。可问题是,街上那些大大小小的装修公司就没一个靠谱吗?应该不会,要知道,你选中的这家大公司也是从小公司一步步做起来的。它们当中一定有好的,之所以排除,是因为你不知道孰优孰劣,多花钱找一家大公司其实是买安全、避风险。

从对最低价的怀疑到对最高价的信奉,不同的心态背后隐藏着相同的购买诉求,即客户有顾虑、怕买错,只有对供应商有充分的了解和信任后,才会埋单。

"没有一个供应商是完美的"就更容易理解了。"好货不便宜,便宜没好货"只是一种过于简单的概括。事实上,供应商之间各有千秋,客户在选择时并非只有"价格"和"品质"两个因素考量。比如买房,除了价格,还要考虑地段、设计风格、户型、施工质量、交通、环境(小区环境和周边环境)、配套(如商业、学区等)以及开发商品牌、物业、升值潜力等。几乎没有一个楼盘能在所有这些因素中占优。选房如同下注,而采购如同赌局。当面对一项复杂产品采购或大额订单交易时,做一个决定往往是非常困难的。

在复杂产品的采购过程中,客户的决策往往事关重大,这不仅表现在金额上,还在于决策对企业运营可能产生的影响。不难看出,购买决策的重要性越大,买家对决策风险的顾虑越强,生怕犯下一个代价巨大的错误或使所在企业的运营受到侵扰。

解决方案式销售大多出现在上述所列情形范畴内,客户对采购有顾虑是常态，需要认真对待。当然，还有很多因素会使客户因顾虑、担心而止步，如销售人员素质差或响应时间慢，欠缺成熟的沟通技巧，缺乏自信，准备不充分。所有这些心理效应最后都可归于一个结果，即买方的采购风险。

客户的顾虑必须消除。为此销售人员要善于识别客户顾虑的信号，并懂得如何处理客户的顾虑，最终让客户有信心下单。

阶段 4：项目签约路径

解决方案式销售大多面对大客户，卖方首先必须找到跨入对方门槛的路径。以专业术语来定义，也就是客户切入策略。这就需要对潜在客户的"人物链"有一个清晰的识别与对策。每个新买家都可能存在三个不同的接触焦点，包括接纳者、不满者和权力者。

在简单的销售中，客户一个人就可能兼具接纳者、不满者及权力者三种角色。在这种情况下，客户会很愿意接纳你，有你所能解决的问题，还有做决定的权力，切入过程就相对比较简单。在更多复杂的销售中，以上3种角色大多分属于不同的人或部门：最愿意接纳你的人可能本身没有问题，或有问题的人可能没有权力决定购买。

1. 客户切入的策略

每个焦点人物或部门都有其不同的优先考虑、感觉、意图及想法，因而他们的决策依据及处在决策过程的哪一阶段也各不相同。有经验的销售顾问了解这一点，销售策略因人而异，从而使每个接触点上的人物或部门都能成为帮助自己销售的协作者，共同达成有利于成交的决定。

寻找接纳者

如果你试图切入一个新客户内部，最容易的（当然也是最幸运的——如果你能做到的话）的途径是找到一个"接纳者"（不管是一个人还是一个部门），愿意聆听你的介绍并提供帮助。也就是在这一点位上，你最有可能在客户内部找到你的第一个协作者。人们愿意接纳可能出于各种原因，例如，他们可能对你的产品技术感兴趣，可能先前对你的产品或服务有良好的印象，或者这种兴趣仅仅出自于想与新事物保持同步。

没有一个接纳者在为你守候，除非你足够努力。当面对一个未知的客户采购决策链，销售人员要做的就是一次次跟进，去现场，找到所有的利益相关者并认清他们的角色。那些能帮你的"贵人"一定也在里面。

对接不满者

在制定客户切入策略时，以解决客户问题为出发点来考虑如何推出你的产品是十分有效的销售思维，因为这能引导你努力接近客户中能帮到你的三种类型的协作者之一——不满者。想成功渗透进客户内部，你得找到其中的一个人或一个部门，他们对现状有所不满，而你正是能解决问题的人。成功的销售人员懂得巧妙地利用接纳者来为自己指路进而找到不满者。因为他们以解决方案为导向，所以这些销售行家总是在四处寻觅买家的问题和不满。

当客户说"不"时，不等于这扇大门就关上了。客户不是一个人，采购说"不"，不代表其他人说"不"，别忘了"客户的客户"。搞定了那些背后的不满者，订单就不那么遥不可及了。

接触权力者

接纳者是客户中愿意聆听、提供信息和帮助的人或部门。如果有接纳者存在，你的叩门将变得轻松许多。不满者是可能正在使用现有供应商的产品的人或部门，你必须找到他们，并试图发现和发掘其对现状的不满及改变的意愿。这是销售的突破点和转折点。权力者则是客户中对是否购买有最终决定权的人或部门。要对方在合同上签字，你必须争取他们的点头。

要见到权力者不容易，他们往往高高在上，所以如果机会来了，绝不能浪费。遗憾的是，在实际销售中，很多销售人员会错失良机。导致失败的原因不外乎四种情况：没有预先做好准备、没能有效控制会谈、过早与权力者会面和不切实际的期望。

2. 销售进展的设计

有了路径图不等于就能径自到达终点。有经验的销售人员拜访客户前就设想好了有效的销售步骤，持续跟进，一次次取得销售进展。所谓进展，就是从接触客户开始，到最后完成签单过程中的一个个里程碑。

目标设定：取得客户承诺

世界知名的销售训练机构 Sales Board 与著名的科特勒咨询集团（Kotler Marketing Group）曾联合研发一个名为"行动销售"（Action Selling）的训练课目，在欧美及国内流行一时。其中一个重要的行动策略就是为每一次销售访谈设定"承诺目标"——由销售人员提出的且需要客户答应的事，创造跟进机会，比如预约与客户决策者的会面，提供产品试用，邀请客户实地考察，撰写、提交销售建议书，引见更多采购决策链上的成员等。前文详述的从接纳者、不满者直至权力者的递进，就是需要通过"引见更多采购决策链上的成员"这样的承诺目标实现的。

销售人员的主要任务是获得客户承诺，持续取得销售进展直至成交。这也是他们被雇用和获得薪酬的原因。持续稳定地获得客户承诺，做到"进门之前有目的，出门之后有结果"，销售周期可以缩短，客户对你的建议和方案也会更有信心。

有效跟进：增强客户关系

对于客户内部有着不同职权与影响力的人群，可以选择深接触、多接触、浅接触、不接触，由此形成的客户关系也会出现等差，分为认识、约会、伙伴、同盟四个等级。对于关键人物，关系级别自然要求高些。

"认识"是客户关系发展的第一阶段，包括电话交谈（通过电话、短信等与客户联系，寻求销售机会）、客户拜访（在约定的时间和地点与客户会面，进行业务交流）和商务礼品（带去印有公司标识的小纪念品，价值在法律法规允许的范围内）。

"约会"是销售人员与客户有互动，邀至第三方场所，进入客户关系发展的第二个阶段，包括商务招待（与客户吃饭、喝茶、娱乐等）、参观考察（邀请客户到公司或现有用户参观和考察，或进行技术交流）和售前活动（提供各种服务和帮助，或提供试用等）。

"伙伴"是客户关系发展的第三阶段，获得客户个人明确和坚定的支持，包括私人交往（与客户及其家人有私交，参与客户私人活动）、亲密活动（与客户一起的单独活动，包括购物、旅游及休闲）和情感关怀（了解客户生日、教育、家庭、工作等信息）。

"同盟"标志着客户关系发展进入第四阶段，客户愿意采取行动帮助销售人员开展活动，包括提供情报（向销售人员提供情报和指示）、充当向导（乐于为销售人员引荐同事和领导）和协助销售（在决策阶段能够站出来坚定支持己方方案，担当导师）。

阶段 5：实施过程管理

对于解决方案式销售这样的复杂产品或大额交易，签订合同绝不意味着项目完成，相反这一刻甚至预示项目的真正开始。在后续的实施阶段，你的产品或服务会经历一个被引进、安装和评估的过程，其间客户很可能有疑问、焦虑或不满。这时，你必须在第一时间响应，让客户知道你始终在其身边，并证明项目最终能够按照预期的目标完成。为了能够让客户满意并在日后还能有机会合作，你必须在这个阶段同客户保持密切联系，排忧解难，确保事事顺利。

不是所有销售人员都能意识到这一点。他们不知道微小的困难常会在这个阶段出现，但如果不及时处理就会变成大问题。何况为了日后的生意，卖家也不希望在项目的实施中出岔子而让客户觉得自己做了一个错误的决定。因此，成功的销售人员会时刻保持警惕，预防或及时处理可能出现的危机；不成功的销售人员在签约后常常急着离开，寻找下一个目标，对曾经笑脸相迎的客户不闻不问。

当然，项目在实施阶段问题频出，还与客户的购买心理与适应周期有关。一个陌生产品的引进与交付对客户而言可谓喜忧参半，要把这一过程做好，得学会站在客户的角度去理解实施不同时期的心理反应，并适当施以对策。

在项目实施阶段，客户大多会经历三个不同的时期："新玩具"期（"New Toy"Stage）、学习期（Learning Stage）和收效期（Effectiveness Stage）。

"新玩具"期发生在实施阶段的初期，如同你打开新购手机包装盒的那一刻，客户有所憧憬，或充满好奇。在"新玩具"期，你的产品或服务还未接受真正的考验。客户也许会试用一些简单的功能操作，看到的效果也较为明显。如果他们不是特别挑剔，通常都会被你的产品或服务的特别效能所吸引。

学习期是实施过程中最艰难的阶段，处置不当有可能导致客户信心的动摇。此时，就像面对一部全新而陌生的手机无从下手，成了"烫手山芋"。你开始后悔起来，甚至想到了退货或转手。这意味着进入了最痛苦的学习期。

这究竟会对客户产生什么影响呢？事实上，很多客户会低估学习期的困难和需要付出的努力。由于他们有立竿见影的期望，如未能达到预期，便有一种被欺骗或放弃的念头，置你于不利境地。这一时期如果你没有及时跟进或给予足够的关注，客户就会陷入"动力下降"的被动局面。

能够把新想法、新系统有效付诸实施的人往往在实施阶段的早期就付出最大努力。没有经验的销售人员大多不明白实施的不同阶段以及"动力下降"的风险。他们在"新玩具"期就犯下一个严重的错误，认为客户看起来积极、兴高采烈，接下来的实施过程当然也会一帆风顺，所以签单后他们对客户的关注大幅减少，无法察觉出客户在学习期的预警信号。

当客户熟习了新的解决方案，为此付出的努力就大幅减少。犹如你已经学会了如何使用新手机，开始享受新科技带来的美妙体验。那种驾轻就熟的感觉回归了，你忍不住又开始为自己点赞。

由于成效尽数显现，客户总体的感觉是事情较以前容易多了。他们或许会说"我们永远不会走回头路"或"我真不明白以前我们怎么会那样做"，这表明收效期已经到来，终于可以去拥抱那份"迟到"的成果。你越顺利地引领客户走到收效期，项目的实施阶段就越成功。

阶段 6：客户关系维护

研究表明，销售给潜在客户和目标客户的成功率为 6%，销售给初次购买的客户（即新客户）的成功率为 15%，销售给重复购买的客户和忠诚客户（即老客户）的成功率为 50%。可见，维护重复购买的客户和忠诚客户的意义重大。

以客户价值最大化为导向，建立一个完整的客户关系管理体系能够帮助我们实施长效的客户维护与管理，在提高客户忠诚度和保有率的同时，提升企业盈利能力。这包括建立客户联络机制、发展客户关系、创造客户价值以及提升客户忠诚等主要任务事项，使我们懂得人性化接触的方式与客户关怀，扩大、升级客户关系的范畴，完成从产品销量导向到服务价值导向的营销转型，并领会客户忠诚指标的内涵与对策。

1. 建立客户联络机制

出色的客户关系管理要求销售人员首先针对其重要或者核心客户建立持久、定期的联络。其中，回访与客户关怀是重要一环。这里的回访是指主动、常规性的拜访，不只在产品出现问题或客户投诉后被动地进行。

回访可以上门、电话、邮件等形式并举。回访次数依客户的重要程度而定，无论客户被划为什么等级，或售后服务要求多少，每年至少都要回访一次，以加强客户联络，掌握客户动态，巩固客户关系。

客户联络有五大基本职能，包括客户关怀（作为感情投资，客户企业或个人有什么问题需要出力或援助）、信息传递（向客户传递哪些有价值的业界信息，成为消息灵通人士）、交易推动（如何推进客户的交易进度与促进重复购买，说对话，做对事）、服务提供（服务始于售后，可以向客户提供什么技术支持或者服务资源）和情报收集（记录客户的意见反馈、需求变化及组织内部任何的重要变动）。

2. 发展客户关系

客户始终存在变数。比如，客户的人事结构会有变更，产品质量会影响客户的满意度，长期疏远会造成客情关系淡化，客户的需求会随时间发生改变，而对手也在不断寻找你的漏洞。发展客户关系就是将"变数"转化为"常数"，保证双方合作关系不间断，有效应对失误与危机，关注客户问题并提供帮助，及时发现客户的采购动向，对竞品保持监控与反应。

发展客户关系的核心任务之一是扩大客户关系范围，从销售与采购之间的个人级关系范围上升到企业销售部门与客户采购部门之间的部门级关系范围。如果是战略性的重要客户，设法升级至两个企业组织之间的公司级关系范围。

客户关系如果仅限于销售代表与采购专员个人之间，风险是不言而喻的。采购人员可能会离职、转岗，或因为种种原因造成关系冷落。如果没有"储备"人选或得不到客户内部的其他人员支持，任何变数都会导致失去这个客户。构建企业销售部门与客户采购部门的全面人际关系能够有效解决上述问题，你总能找到下一个支持者。

3. 创造客户价值

在客户关系管理中，创造客户价值就是把工作重心从产品销量转移至对客户的价值贡献和成本削减；立足全过程、多方位的咨询，提供解决方案而不只是交易；关注业务改进与创新，提高客户的投资回报，致力于双赢。

销售人员此刻应该完成重要的角色转型，从"销售经理"变身为"客户的经理"。前者致力于卖出更多产品，多以个人业绩为导向；后者站在客户的角度提供专业建议、方案及增值服务，帮助客户经营成功。

创造客户价值的理念可以从现代营销学之父菲利普·科特勒的"顾客让渡价值理论"中找到答案。顾客让渡价值是顾客感知的总价值与顾客感知的总成本之间的差额。顾客在选购产品时，往往从价值与成本两个方面进行比较分析，从中选择"顾客让渡价值"最大的产品作为优先选购的对象。企业为在竞争中战胜对手，吸引更多的潜在顾客，就必须向顾客提供比竞争对手更大的"顾客让渡价值"的产品，做好"加减法"。

4. 提升客户忠诚

客户忠诚的意义之大，无人怀疑。一家公司如果将其顾客流失率降低

5%，那么利润收入就能增加 25% ～ 85%。老顾客会不断重复甚至增加购买，并向别人推荐，对价格不敏感，从而减少企业的营销成本。成功打造客户忠诚，除了前期解决方案的完美执行以及后期在客户关系维护阶段有效地建立客户联络机制、持续发展客户关系、创造客户价值，还可从以下几个方面入手，夯实客户忠诚的基础。

第一，奖励忠诚，增加客户收益。追求利益是客户的基本价值取向。客户乐于与企业建立长久关系，主要原因是希望从中得到优惠和特殊关照。

第二，培育对企业的信任与感情。持续的客户满意产生客户信任，长期的客户信任形成客户忠诚。

第三，提高转换成本。转换成本是客户更换企业需付出的各种代价的总和，包括学习成本、经济成本和情感成本。

第四，建立与客户的结构性联系。企业渗透到客户的业务中间，双方已经形成战略联盟与紧密合作的关系。

| CHAPTER 2 |

第 2 章

客户需求调查

> 需求是成交之本，问题是需求之母。这是
> 对销售原理最好的诠释。有问题去发现它，没有
> 则云发掘它。没有完美的客户，销售始终有机会
> 基二自己企业的特定资源或优势，为客户雪中送
> 炭，或拾遗补阙，或锦上添花，通过解决客户的
> 问题赢得订单。

2.1 发现商机：需求从何而来

如果你有幸在一家超市或餐厅当营业员，"需求从何而来"这个问题
似乎显得有些突兀。既然顾客已经上门，说明他们多少有需求，你要做的
就是把对的商品卖给对的人。这是门店销售人员每天面对的场景，他们是
坐商。

然而，做解决方案式销售的大多是行商，面对的不是主动上门的个体
消费者，而是或许已经有自己的供应商或者暂时没有采购计划的组织型客
户（如企业、中间商、政府部门或医院、学校）。他们甚至连见你一面的
想法都没有，如果仅问一句"你想买什么"，显然无济于事，因为客户没
有需求。

其实即使是坐商，面对巨大的竞争压力，现在也在向行商的经营行为

靠拢，主动出击，寻找客户需求。比如金店，在一些高档的企业大堂或餐厅门口设置柜台，生意红火。如果不这样，他们一定会错失很多因忙碌而无暇逛街的潜在买家。更多的坐商则在训练自己的员工，如何识别顾客需求，如何有效推介产品，制定出一套套经典的话术，目的是变客流量为购买量，因为不是每个有需求的顾客都会在你这儿购买。

对行商而言，对客户需求的解读就更为举足轻重。以下是一个早些年出自中国移动通信的教学案例。

2.1.1 需求是"问"出来的

中国移动客户经理准备向一家啤酒制造企业推介"企信通"——一种能够大量发送短信的业务。

销售人员："早上好，张主任，再过些天就是春节了，先送上新年的祝福，谢谢您一直以来对中国移动的支持！"

张 主 任："呵呵，谢谢，你们做得也不错啊。"

销售人员："谢谢主任！这次来，希望能够向您推荐一种帮助企业加强内部沟通、促进销售管理的通信方案，您看可以吗？"

张 主 任："好啊，你们产品还挺多。"

销售人员："是的，主任，我们这款叫'企信通'的产品具备短信群发功能，可以即时或定时发送，还有邮件提醒、日程提醒、资料管理和费用统计等功能，挺有用的。"

张 主 任："这么多功能啊。这样，你先把资料留下，回头有时间我再看看。"

销售人员："好的，主任，有什么没有写清楚的，您随时给我电话！"

点评：一个简单、生硬的访谈，典型的产品销售，推销的味道很重。对话不痛不痒、蜻蜓点水，销售人员一出门，估计客户就把资料扔到垃圾桶里了。拜访结束之后，客户还是不知道这个产品能为自己带来什么利益，能够解决什么问题，为什么一定要买。简而言之，需求为零。

情境再现，如果以一个解决方案式销售的方式重演一次……

销售人员："早上好，张主任，再过些天就是春节了，先送上新年的祝福，谢谢您一直以来对中国移动的支持！"

张 主 任："呵呵，谢谢，你们做得也不错啊。"

销售人员："谢谢主任！这次来，希望能够向您推荐一种帮助企业加强内部沟通、促进销售管理的通信方案，您看可以吗？"

张 主 任："好啊，你们产品还挺多。"

点评：一样的开场，但接下来销售人员没有继续说，而是开始问。

销售人员："主任，您在全省有 500 多个促销员，公司怎样将内部信息发送给他们呢？"

张 主 任："什么信息？"

销售人员："比如说降价、促销或者放假的通知。"

张 主 任："哦，我们打电话通知。"

销售人员："打电话？这么多人，那么嘈杂的环境，会不会很费事啊？"

张 主 任："你是说……？"

销售人员："是这样，促销员都在柜台忙碌，万一接不到电话怎么办？另外，降价信息通过电话通知没有书面记录，会不会搞错？我上次和促销员在一起的时候，就听到他们有这样的反映。"

张 主 任："是吗？这你还真提醒了我，有过这种情况！"

销售人员："主任，如果经常因此搞错定价，您的工作是不是很被动啊？"

张 主 任："当然很被动！"

销售人员："那您想到过解决办法吗？"

张 主 任：……

点评：在客户眼里，销售人员不是在推销，而是帮助自己发现问题并试图解决问题，专业且用心。实际上，这正是销售人员引导客户发现需求的过程，从无到有，比推销高明多了。

销售人员："还有，您在各个店面的促销员是怎样将信息发送给公司的呢？"

张 主 任："一般的事情打电话，有时候发邮件，没有固定的方法。"

销售人员："没有固定的方法？这样就不能及时收集每天的销量和库存了？"

张 主 任："我们现在一个月报一次销量和库存。"

销售人员："是吗？主任，你们做的是快消品，这样会不会对您的销售管理造成困难呢？"

张 主 任："是啊，别提了，经常出错！"

销售人员："张主任，宝洁公司也是我们的客户，和贵公司的销售模式类似。宝洁用企信通短信平台向促销员发送降价和促销信息，促销员也用这个系统每天上报销量和库存，取得了很好的效果。主任，这对您解决目前信息传送和销售管理问题有多大帮助呢？"

点评：解决方案式销售帮助客户发现需求，引导采购。这需要在拜访前仔细研究客户资料；访谈中，关注对方运营中的问题和难点，促发客户改变现状的想法，进而提供解决方案，完成一个从诊断到开处方的过程，达成交易。

一样的产品，一样的客户，不一样的结果，一正一反的情境对比，有很多启示：

（1）需求，需求，还是需求！销售不只是产品介绍，不单是报价，也不尽是做关系，而是让客户最终有买的想法，即需求。没有需求就没有成交，这是销售最核心的元素。前一个对话只在推销，以为销售就是说话，无视也无法找到客户的需求，后一个对话却全力以赴地发现和发掘客户需求。两者最大的区别在于一个以自我为中心，一个以客户为中心。

（2）做销售，会说的是新手，会问的是能手，会听的是高手。需求是"问"出来的，如同医生坐诊，先要"望、闻、问、切"，才能让病人拿着方子去抓药。卖产品的人被称为推销员，做解决方案的人则被视为顾问。前者只想到说，眼里只有产品，后者则很会问，如同诊断，关注客户问题。两者对销售的影响孰优孰劣，不言自明。所谓"顾问"，"顾"即看，意味着关注客户，目中有人；"问"就是提问，了解客户的现状、问题和关注，从中找到客户的需求和解决方案。

（3）在访谈乃至任何对话中，谁提问，谁就有可能主导会谈。这是一个不折不扣的销售"潜规则"。第一段对话草草收场是因为销售人员失去了对话题的控制，从没有提问。第二段对话的成功从销售行为分析就在于问，引导客户于无形。要知道，若客户没有需求，卖方报出的任何价格都是贵的，说出的任何产品都是无用的，结果常常招来客户异议。因此，如果价格没有优势，避免在会谈刚开始谈价格，这同样是值得铭记的又一个销售"潜规则"。

杰弗里·吉特默是全球联名的销售及客服专家，被誉为全球最佳销售教练。他每年为 IBM、AT&T、可口可乐、希尔顿酒店、西门子等企业组织 150 多个培训项目和销售会议。在其著名的《销售圣经》一书中，有三句经典的语录：

- 人们基于自己的理由而非你的理由选择购买。所以，首先要找出他们的理由。
- 人们不喜欢推销，但喜欢购买。"他们为什么购买"远比"如何销售"更重要。
- 人们不会关心你在做什么，除非他们认为你的产品有助于他们的成功。

三句话昭示了同一个道理，即销售以人（客户）为本，所以"首先要找出他们的理由"；问比说更重要，所以要了解"他们为什么购买"，发现真实的需求；客户关注的不是产品本身，而是需求是否得到满足，所以"人们不会关心你在做什么，除非他们认为你的产品有助于他们的成功"。《销售圣经》一书帮助成千上万人在日常销售中占据了上风。

2.1.2　销售定律：问题是需求之母

　　教学案例虽然深刻，但不免有些理想化。现实中，客户不可能如案例里的人物那样"配合"。那么，真实版的"需求从何而来"是如何发生的呢？浙江江山农商银行的故事便是一例。数年前给他们做培训时，银行还在起步阶段（原名"江山农村合作银行"，前身为农村信用合作社），销售却做得风生水起，比如贷款业务。

◎ 案例 2-1　　如何把客户从有钱变"没钱"

客户背景

　　郑某，经营猪场，一直接受当地农业银行提供的贷款服务。客户现计划再承包本村 100 亩山场，准备扩建新的生态猪舍。资金基本可自给自足。

需求调查

　　江山农村合作银行获悉这一消息后，客户经理前去拜访，了解到郑某计划建二级生态猪舍五幢，投资近 150 万元。通过市场调查，客户经理发现业内已经有技术含量更高的零排放猪舍，也更容易通过环保部门的审查许可，并有优惠政策。对此类政府支持项目，合作银行方面有专项的贷款产品。

　　郑某知道后提出想参观，客户经理于是安排了一次观摩行程，陪同去往一处零排放的生态猪场现场考察。观后的郑某眼界大开，对这一新技术非常满意。之后通过成本核算，项目需要近 200 万元的预算，这样就面临50 万元的资金缺口。自此，贷款需求浮出水面。

跟进服务

　　客户一直与他行合作，对江山农村合作银行而言，有需求未必有机会。客户经理继续跟进，告知郑某江山农村合作银行有款产品就是涉及生态猪舍建设的优惠贷款（其实其他银行未必没有，但销售的一个法则是眼见为实）。接着，客户经理又随同郑某去环保部门咨询，帮助准备资料，填写表格。只要通过环保部门的审批，该项贷款即可发放，利率较一般贷款低。

郑某对生态猪场的前景着实心动，但鉴于投资高于预期，还是有些犹豫。客户经理再次跟进拜访，分析投入产出比以及业内成功的案例。最后，郑某终于下定决心，两人就在猪舍内敲定项目，客户向江山农村合作银行正式提出了 50 万元的贷款申请。

客户需求从何而来？应该有答案了。就销售行为而言，需求是销售人员"问"出来的、"听"出来的，以及基于对客户业务的洞悉，用眼睛和腿脚"找"出来的。这一阶段相当于医生的诊断，重在"望、闻、问、切"。销售首先必须善于提问、倾听、观察、分析，像医生找到患者的病原一样找到客户的痛点。

不过，销售行为本身不足以决定客户需求的有无。就客户自身而言，什么时候才会有需求？答案是：当他们有问题的时候。

"解决方案"是解决客户问题的方案，而解决问题的前提是有问题，或者客户对现状有所不满。客户需求调查正是试图发现这些问题、困难、不满，并让他们有解决的意愿，这就是需求之源。腾讯发现了中通速递运营成本居高不下的问题，益海嘉里发现了面包制作商的同质化竞争和价格战问题，江山农村合作银行发现了养殖大户的市场定位与开拓问题，等等，并且一一拿出了解决方案，让客户产生"改变"的想法，形成商机。

需求是成交之本，问题是需求之母。这是对销售原理最好的诠释。有问题去发现它，没有则去发掘它。没有完美的客户，销售始终有机会基于自己企业的特定资源或优势，为客户雪中送炭（如腾讯帮助中通速递），或拾遗补阙（如嘉里粮油帮助面包商），或锦上添花（如农商银行帮助养殖户），通过解决客户的问题赢得订单。

2.2　进入 SPIN 顾问模式

需求是销售人员"问"出来的，但不是"问"了就能成为"顾问"，需求也不可能一"问"就有，如此销售就成为儿戏了。说到底，"问"体现了解决方案式销售中的一种与客户深度沟通的技法，必须有设计、有逻辑、有体系，并与倾听并重，事先尽可能多了解客户，从而能够在访谈中以专业、严谨和关怀的方式与对方沟通，诊断客户的问题、关注或需求，找到销售切入点。

在销售访谈中，把这种沟通技法做到极致并加以归纳、提炼进而建立理论体系的，就是 SPIN 销售法，也被认为顾问式销售的核心技术。

2.2.1 顾问从"问"开始

世界销售理论和模式的演化进程起始于美国销售心理学家 E. K. Strong 在 20 世纪 20 年代撰写的《销售心理学》。这部著作奠定了以后长达半个世纪的销售学习教程，其核心发展至今仍为人们熟知的专业销售技巧（Professional Selling Skill，PSS）。早年开发、引进这一模式最系统和完整的，当属施乐公司。

专业销售技巧将销售过程分为七个步骤——销售准备、接近客户、需求调查、产品说明、演示、提案建议和缔结，强调通过建立每个环节的标准化行为实现销售的有效性，优点在于方法易于掌握，流程得以明晰。然而，PSS 理论没有充分考虑客户的购买心理和决策过程，缺乏对客户问题的关注和洞悉，过于以自我为中心，注重卖方的"表演"。销售人员在面对客户时，易采用反复的、激情式的优点叙述，推销取代沟通，客户有压力和被操纵感。这种单向思维的销售行为难免招致买方的异议或拒绝，尤其可能出现在基于 B2B 业务类型的工业品销售、技术型销售、大客户销售、项目型销售等大宗生意交易。

随着复杂的大型采购流程的增多，买方决策者由单一转向多层次，决策时间拉长，决策风险增加，侧重销售外部行为技巧的传统销售模式显然已不能保证销售成功。许多企业为此开始引进现代行为科学、心理行为学，力图改进销售模式，提升销售业绩，以应对越来越多的大额订单项目和要求与之匹配的深度营销。

造就世界销售史上这一革命性转型的便是尼尔·雷克汉姆。他的《销售巨人》(*SPIN Selling*)一书彻底改变了传统销售的思路和方法,用确凿的研究数据证明了以往销售技术的缺陷与滞后,从而奠定了顾问式销售理论的基石,也成就了他在全球销售研究领域的重要地位。尼尔·雷克汉姆曾先后发表和出版 50 多篇文章和论著,被译成 11 国语言传播,其中由著名的 Mc-Graw Hill 出版社发行的《销售巨人》一书成为当时全美销量最大的商业类用书。

关于如何销售的见解与主张层出不穷,但缺乏的是经过潜心研究并得到验证的实例支撑。为此,尼尔·雷克汉姆与其创立的 Huthwaite 研究机构开启了一项史无前例的销售一线调研。正如他本人所言:"因为我不满足于意见,我要的是证据。"

这项长达 12 年以至于后来彻底改变人们销售思维的研究,覆盖 23 个国家,涉及 20 多个世界领先的企业组织,包括 Xerox、IBM、AT&T、Kodak 和 Citicorp 等世界 500 强和跨国公司。尼尔·雷克汉姆的学术背景是心理学,在英国谢菲尔德大学研究销售。他领导 Huthwaite 的研究人员实地观察和分析了这些企业的 3.5 万个销售拜访,评定了 116 个能够影响销售行为的因素,目的在于找出成功销售人员的独特而又共通的行为模式。

12 年后,《销售巨人》出版,它是这项伟大研究的总结。书中提及了"成功销售的三个原则",SPIN 就是对那些"成功的销售访谈"中卖方提问技法的整理、归纳和总结。

- 成功的销售访谈中,买方说得更多!
- 成功的销售访谈中,卖方提问较多!
- 卖方通常选择在访谈的后期介绍产品和提供方案!

可以这样理解,SPIN 销售法不是一种学术发明,而是基于实例的成功"证据"。多年来,SPIN 销售法的研究、传播与应用由尼尔·雷克汉姆领导的 Huthwaite 研究机构开展。Huthwaite 在当今销售效率研究领域已当之无愧成为世界公认的的思想领导者。凭借其强大的专业知识和研究资源，Huthwaite 帮助客户将 SPIN 销售理论付诸实践，把顾问式销售的方法应用到企业销售的各个层面。

有意思的是，Huthwaite 在进行了这项长达 12 年的调研后，又把研究成果捂了整整 7 年，反复测试直至确信其实用价值后才予以公布。7 年中，尼尔·雷克汉姆的团队为上千名不同行业的销售人员实施 SPIN 销售培训，将理论知识转化为处理大宗业务的简单实用技巧。最后他们测评了 1000 名最初接受过 SPIN 销售训练的销售人员的工作效能，并与同一公司的其他销售人员对比。结果发现，接受过训练的销售人员的业绩比未接受训练的人员平均高出 17%。

2.2.2 SPIN：让客户说"卖给我吧"

一个顾问式销售的访谈可以分为四个步骤：访谈开场、需求探询、显示能力和取得承诺。SPIN 销售法作为一种向买方提问的深度沟通技巧，出现在第二个步骤"需求探询"中，目的在于发现潜在客户的问题和需求，达成销售。

- **访谈开场**：以客户为中心设定话题，吸引注意，获得好感，建立信任，并把握提问机会使访谈进入下一阶段即需求探询。
- **需求探询**：沟通现状，引导需求，即通过有效提问与对话，发现客户潜在的问题及解决问题的意愿。这是访谈最重要的阶段，也往往为销售人员所忽视。
- **显示能力**：基于前期发现的客户的问题或需求，提供相应的产品或服务，详解如何帮助客户达成目标。
- **取得承诺**：找出能够推进销售的多种设想、建议并得到客户承诺，由此创造下一步跟进的机会，即做到"进门之前有目的，出门之后有结果"。

需求探询是销售访谈中最重要的阶段。也就是说，如何有效利用基于 SPIN 销售法的提问与对话，收集客户信息和引导购买需求，直接关系到销售的成功与否。

SPIN 由四类提问构成，每一类问题都有不同的目的：

- **背景问题**：找出有关客户在日常运营或当前项目开展方面的现状、计划或关注。
- **难点问题**：发现和理解客户可能存在的问题、困难或不满。
- **暗示问题**：揭示问题如果得不到解决将会给客户带来的后果、作用或影响。
- **价值问题**：了解和引导客户对于解决问题的回报、效用、价值或意愿的看法。

综合以上提问，就形成了一套高效销售所需的有力而灵活的操作流程。现在回到"企信通"的案例，在第二段情境再现的对话中，我们可以找到 SPIN 是如何"植入"和应用的，也因为此，第二段与第一段对话效果完全不同。

案例再现

访谈开场：

销售人员："早上好，张主任，再过些天就是春节了，先送上新年的祝福，谢谢您一直以来对中国移动的支持！"

张 主 任："呵呵，谢谢，你们做得也不错啊。"

销售人员："谢谢主任！这次来，希望能够向您推荐一种帮助企业加强内部沟通、促进销售管理的通信方案，您看可以吗？"

张 主 任："好啊，你们产品还挺多。"

需求探询：

销售人员："主任，您在全省有 500 多个促销员，公司怎样将内部信息发送给他们呢？"

点评：背景问题（S），目的在于了解客户内部信息传递的方式与效率，以判断是否存在企信通可以解决的问题。

张 主 任："什么信息？"

销售人员："比如说降价、促销或者放假的通知。"

张 主 任："哦，我们打电话通知。"

销售人员："打电话？这么多人，那么嘈杂的环境，会不会很费事啊？"

点评：难点问题（P），目的在于发现客户在工作信息传递方面的难点，如工作量大、效率低、容易出差错，而这些问题是企信通可以解决的。

张 主 任："你是说……？"

销售人员："是这样，促销员都在柜台忙碌，万一接不到电话怎么办？另外，降价信息通过电话通知没有书面记录，会不会搞错？我上次和促销员在一起的时候，就听到他们有这样的反映。"

张 主 任："是吗？这你还真提醒了我，有过这种情况！"

销售人员："主任，如果经常因此搞错定价，您的工作是不是很被动啊？"

点评：暗示问题（I），揭示客户信息传递问题背后更大的问题，即作为部门主管有可能使自己的销售管理工作陷入被动，影响业绩。

张 主 任："当然很被动！"

销售人员："那您想到过解决办法吗？"

张 主 任：……

销售人员："还有，您在各个店面的促销员是怎样将信息发送给公司的呢？"

点评：新一轮背景问题（S），为发现客户更多可能的问题做铺垫。

张 主 任："一般的事情打电话，有时候发邮件，没有固定的方法。"

销售人员："没有固定的方法？这样就不能及时收集每天的销量和库存了？"

点评：新一轮背景问题（P），讨论客户的另一个颇为棘手问题：数据汇总和销售计划工作。

张 主 任："我们现在一个月报一次销量和库存。"

销售人员："是吗？主任，你们做的是快消品，这样会不会对您的销售管理造成困难呢？"

点评：新一轮暗示问题（I），使对方意识到这不仅是信息传递的问题，更关乎自己的工作效率和经营风险。

张 主 任："是啊，别提了，经常出错！"

销售人员："张主任，宝洁公司也是我们的客户，和贵公司的销售模式类似。宝洁用企信通短信平台向促销员发送降价和促销信息，促销员也用这个系统每天上报销量和库存，取得了很好的效果。主任，这对您解决目前信息传送和销售管理问题有多大帮助呢？"

点评：价值问题（N），引导客户从对信息传递问题的关注，转移到解决这一问题的愿望及对所能获得的回报的憧憬，将讨论推进到行动和承诺阶段。

SPIN销售法尤其适用于B2B业务类型的销售。由于目标客户采购立项决策严、周期长、难度大，因而这种以客户为中心的深度营销是决定销售成败的关键。

2.2.3　背景问题：了解既有现状

背景问题的目的在于找出有关客户在日常运营或当前项目开展等方面的现状、计划或关注。这类提问通常是必不可少的，尤其在第一次访谈时，但必须谨慎使用。

为什么？想一想谁会从背景问题中获益，是销售人员还是客户？即使双方都受益，销售人员应该获利更多，可以收集到有用和有价值的信息。但从客户角度看，把自己的现状告诉本周第五个来访的推销人员显然是一种负担。

通过回答背景问题，客户是在培训销售人员。可以说，卖方是在用买方的时间搞销售，这些问题对客户来说没什么价值。

Huthwaite 的研究发现了一些有关此类提问的有趣现象，比如，不太成功的销售人员喜欢问这类问题。原因可能是它们比较简单，不需要时间来准备。但是要记住，背景问题的多少与访谈的成功没有关联，太多的此类提问会使客户生厌甚至不安。

因此，虽然背景问题是必不可少的，但重要的是要有的放矢、少而精，让每个问题都发挥作用。

示例

客户的问题是购买需求的出发点。因为客户有问题、困难或不满，所以想要改变现状。因而了解客户的现状很重要，从中有可能发现你的产品或服务可以解决的问题。

比如，如果你的产品或服务是为客户提供新的或不同的操作系统，你首先需要了解客户目前采用什么操作方式。或者，如果你有一个竞争对手，你需要知道是谁，客户正在使用或考虑使用他的什么产品或服务。

以下是提问实例，可用来了解有关客户现状的一些关键信息：

- 现在公司在_____方面是如何进行操作的？
- 使用的是哪种技术？
- 这种方式的工作原理是什么？
- 您目前在考察哪些系统？
- 您对将来的系统有哪些新的设想？

你还可以利用背景问题，了解任何其他有必要了解的客户信息，这些提问包括：

- 操作系统对公司的业务有多重要？
- 有哪些部门在使用这个系统？
- 系统维护由谁负责，要多少人手？
- 操作人员学习需要多长时间？
- 项目什么时候开始评审？

- 公司对供应商的期望是什么？

- 这个项目的预算有多少？

- 计划已经得到公司审批了吗？

- 谁将做出最终决策？

- 项目要求什么时间完成？

背景问题有很多，销售人员也容易问太多。关键的一点是，确定哪些问题与你销售的产品或服务相关，这是提问的出发点。

可以利用很多信息源来收集与客户现状相关的背景资料，而不必非要通过提问得到答案。你必须清楚周围的信息源，并且做好必要的准备工作，有备而来。

2.2.4 难点问题：发现潜在问题

成功的销售人员被客户当作咨询对象———一个为客户利益工作的问题解决者。为此他们首先必须清楚客户存在的问题（现在的或将来的），方法是熟练运用难点问题。

难点问题的目的是找出你的产品或服务所能解决的客户的问题、困难或不满，使客户想要改变现状，产生需求。

Huthwaite 的研究表明，难点问题比背景问题更有力。客户更愿意讨论他们遇到的问题，而不单单是告诉销售人员自己的业务现状。

有两类难点问题：一是用来帮助销售人员发现客户的问题、困难或不满的提问，二是用来帮助销售人员理解客户的问题、困难或不满的提问。

1. 发现客户的问题、困难或不满

有时，客户无须引导就会主动说出他们的问题。更多时候，你还是需要通过设计好的提问来发现客户的问题，或确定客户是否存在某个问题。

一种方法是问一些简单、单刀直入的问题，例如：

- 系统在日常操作方面有什么问题？

- 系统在_____方面有过故障吗？
- 您认为系统最大的缺陷是什么？
- 在_____上遇到过什么困难吗？

另一种提问的方式是在提问中加入信息，使问题显得更为温和，例如：

- 我和很多使用过这个系统的人谈过，都说在_____方面遇到了问题。您在这个方面遇到过什么困难吗？
- 据我观察，这个系统常常在_____方面发生故障，你们的情况如何？
- 我和很多与贵公司情况类似的买家打过交道。他们都说系统的一个缺陷是_____。贵公司也是这样吗？
- 我发现很多人不喜欢这个系统处理_____的方式，您感觉怎样？

是简单直接地问好，还是温和含蓄地问好，这取决于客户的喜好与风格。没有证据表明哪种方法可以获得更好的效果。因此，使用适合特定客户的提问方式才是最重要的。

注意：虽然客户通常愿意讨论他们遇到的问题，但有时抛出难点问题可能会有风险，特别当涉及他们近期发生的采购项目，例如，引进了你的某个竞品。除非客户在使用中遇到了大麻烦，否则生硬地谈这些竞品的问题意味着对客户本人决策的怀疑甚至否定，因而招致销售失败。

2. 理解客户的问题、困难或不满

仅仅确定客户遇到了问题是不够的，还必须对问题有一个清晰的理解，比如涉及谁、什么、何时、在哪里、为什么、有多少、有几次。

- 谁负责解决问题？
- 原因是什么？
- 问题何时发生的？

- 发生在哪里，有几次？
- 您认为问题为什么会发生？
- 有多少业务受到了影响呢？

清楚理解客户所遇到的问题后，你就能更好地评估问题的范围，确定如何部署最佳的解决方案，确定销售过程中的下一个步骤。

重要的是，通过询问后续的难点问题，你可以帮助客户理清思路，明晰问题。在很多情况下，客户尚未完全注意到或理解他们所遇到的问题。他们可能没有时间、信息或资源来完成分析。帮助客户真正地理解自己的问题，你就成为问题解决者和客户的顾问，通过询问难点问题提高客户解决问题的意愿和紧迫感。

注意： 有时客户会提出一个你的产品或服务解决不了的问题。在这种情况下，要慎用后续的难点问题，应把注意力放在你的产品或服务能够解决的问题上。

3. 如何有效运用难点问题

一般的销售人员熟知自己的产品或服务，一流的销售人员更胜一筹。他们清楚什么产品或服务能解决客户的什么问题、困难和不满。换句话说，他们不但有产品知识，还对客户业务和竞品表现有充分的了解。

这些知识对销售成功至关重要。对你能够解决的问题理解得越深（从客户的角度看），就越能发现客户的问题，进而发掘客户的需求。

成功的销售人员在销售访谈前会做大量的准备工作。他们预判客户可能遇到的问题，构思在访谈中可能要问的问题。也就是说，他们在访谈前就很好地预习了自己的产品、客户的业务及竞品的情况。一般的销售人员喜欢即兴表演，成功的销售人员则注重扎实、完备的准备工作。

预判客户可能遇到的问题耗时劳神，因为某些问题因客户不同而差别极大。大多数问题属于以下范畴：利润率、成本、生产率、竞争、质量、时间、操作难易程度、可靠性、性能、可信度、多功能性、安全性、士气、消费者满意度以及声誉等。在梳理那些你的产品或服务能够解决的问题时，可参考这些范畴。

4. 根据职位或职能预判客户问题

在预判客户问题时，优秀的销售人员明白，不同职位或职能的客户对问题的看法会有所不同。例如，高层管理人员可能偏向于利润率、生产率或竞争的问题，你的产品或服务的实际使用者则更关心操作难易度、多功能性、安全性和可靠性，财务部门则关注成本和盈利性问题。

与一般的销售人员不同的是，优秀的销售人员会集中精力预判那些和他们打交道的某级别或职能的客户最感兴趣的问题。

2.2.5 暗示问题：揭示负面影响

成功的销售人员被客户视为顾问和问题解决者。为了扮演好这一角色，你必须清楚自己能够解决的客户问题，以及如果无法解决这些问题可能引发的其他问题、产生的影响。

暗示问题的目的是通过探究客户问题背后的问题和影响，帮助客户认识到这些问题的严重性与紧迫性，进而加强客户解决问题的意愿。

本杰明·富兰克林写过一首经典的打油诗，描述问题的影响力之大。如果他活在今天，很可能是一位成功的推销员。他写道：

> 因为丢了颗马掌钉，马掌不行了。
>
> 因为坏了马掌，战马损失了；
>
> 因为没了战马，骑手不见了；
>
> 因为缺了骑手，战斗失败了；
>
> 因为战斗失败，江山丢掉了；
>
> 所有一切都是因为丢了颗马掌钉。

研究表明，暗示问题与销售访谈的成功有密切的关联。优秀的销售人员会更多地运用暗示问题，也因此能更好地发掘客户需求。通过提问，可以让客户和自己更清楚、更深入地了解问题所在，可以勾勒出问题的大

小、范围和严重程度，帮助客户认识问题的深层影响。这有助于增强客户
寻求解决方案的意愿和采取行动的紧迫感。

暗示问题有三种发问方式：向客户询问有关问题的直接后果、作用或
影响；把问题扩展到与之直接有关的个人、部门或公司之外；表明当前问
题和其他问题的相互关系。

1. 直接后果

对暗示问题，好的开场白是询问所讨论的问题是如何影响客户或组织
的。这样，客户有机会回顾，说出对后果的看法。在某些情况下，客户对
问题的影响有清楚的了解，但有时需要销售人员的引导。

提问：

- 这对您的部门有什么影响？
- 这个问题如何影响到生产效率？
- 如果不能解决，最大的不利后果是什么？
- 问题会给您的团队带来怎样的挑战？

2. 扩展问题

某些问题的影响会超出直接有关的个人、部门或组织。在和同一客户
内部的多位人员打交道时，或需要发掘几个部门或职能单位的需求时，问
这一类暗示问题可能特别有用。

提问：

- 订单输入中的问题妨碍到您按时交付吗？
- 这种延误如何影响您的客户的业务？
- 是否接到更多的客户对拖延发货的投诉？
- 问题如何影响到服务部门？
- 越来越多的投诉对销售组织有什么样的冲击？
- 销售副总裁如何看待这一问题？

3. 表明相互关系

设计和运用暗示问题的另一种方法是参照前述的问题范畴：利润率、成本、生产率、竞争、质量、时间、操作难易程度、可靠性、性能、可信度、多功能性、安全性、士气、消费者满意度以及声誉。这些范畴常常相互关联。

提问：

- 如果订单输入问题解决不了，甚至恶化，会发生什么情况？会不会影响你们在整个行业里的声誉？
- 如果声誉受损，对公司的收入业绩和利润率意味着什么？
- 修复形象的代价是多少？
- 您是否想过问题会影响组织内部的士气？您认为可能产生什么损害？

4. 理解影响

一旦发现某个影响，需要继续提出后续问题，以保证客户完全理解该影响。暗示问题所采用的后续问题和难点问题所采用的后续问题相同，涉及谁、什么、何时、在哪里、为什么、有多少、有几次等，例如：

- 如果客户的抱怨增多，谁会受到影响？
- 您认为后果将会是什么？
- 您认为投诉何时会爆发，在哪个方面？
- 为什么认为那个领域受到的影响最大？
- 有多少客户会受到影响？
- 以前发生过几次？

明白影响后，你和客户将能更好地评估问题的真实大小和范围，有助于定位最佳的解决方案，确定以后采取的步骤。

例如，问题只出现在某个地点还是普遍存在；只涉及几个人还是很多人；还应当和组织内部的谁讨论，以便发掘更多需求，取得他们对你所要提供的解决方案的支持；解决方案涉及多少部门和领域。

5. 使用暗示问题

如何使用暗示问题是区分一流销售人员与普通销售人员的标准之一。许多销售人员并没有真正理解他们的产品或服务能够解决的问题，或者不理解这些问题给客户的业务带来的影响。一般的销售人员不缺乏产品知识，但对客户的业务状况和市场动向缺乏充分的了解。

优秀的销售人员总是从客户的角度考虑产品。他们以客户为中心，在访谈时预判客户的问题及影响。他们事先认真准备提问，而不是在访谈时临时发挥。他们的知识全面，视野开阔，能帮助客户周密考虑、分析和清晰表述价值诉求。有了对自身问题和价值诉求的充分理解，客户才能更好地领会解决方案的意义。

2.2.6 价值问题：关注方案回报

价值问题的意义在于激发客户对解决问题后所能获得的回报、效益的看法以及行动的意愿。这些问题被出色的销售人员广泛使用，营造出访谈的积极气氛，将销售访谈推进到行动和承诺阶段。

这类提问有两种发问方式：一是鼓励客户告知解决问题后将会得到的回报；二是确定客户是否有解决问题的意愿。

1. 鼓励客户告知回报情况

仅仅你确信解决方案对客户有用是不够的，必须让客户也对此深信不疑，交易才能成功。此外，还需要客户有采取行动的紧迫感和意愿。

提高客户寻求解决方案意愿的一种方法是讨论客户问题及其影响，以便找出客户问题的大小、范围和严重程度。问题越大，范围越广，程度越严重，客户就越急切地寻求解决方案，这是暗示问题的功效。

另一种方法是问价值问题，以了解客户对解决问题后所能获得的回报、价值或效用方面的看法。运用价值问题的前提是弄清客户的问题及其影响。

提问：

- 解决这个问题对您有什么帮助？
- 解决生产率问题能带来什么收获？
- 降低周转量会产生哪些效益？
- 如果我们能够将处理时间缩短 10%，可以节省多少资金？
- 把节省下来的资金投入研发项目将产生多大的成果？
- 提高产出速度，能否让员工腾出时间做别的事情？
- 如果他们有时间做别的事情，还能为公司带来哪些收益？
- 您还能看到什么其他效益？

鼓励客户描述回报有几个效益。首先，使客户把注意力集中在采取行动所能带来的回报上。其次，使客户的思维从"消极因素"（问题）转向"积极因素"（解决方案带来的回报）；再次，帮助客户建立获取解决方案的决心。最后，你获得必要的信息，以确立客户获得回报的范围和优先次序。这样，你可以根据客户的具体需求、愿望和次序定制解决方案。

2. 确定客户是否有解决问题的意愿

客户有可能在任何时候表示出购买意愿，例如，在访谈开始时，在询问难点问题时，在询问暗示问题时，或在询问价值问题时。

但有时客户的意愿可能深藏不露或模糊不清。即使存在需要解决的问题，知道问题的影响，也能确定解决问题会带来什么回报，也并不意味着客户一定有解决问题的意愿。

优秀的销售人员不会想当然地认为客户有购买意愿。他们会从客户那里寻找蛛丝马迹，实在不能确定，他们会抛出价值问题。

- 您想要缩短处理时间吗？
- 需要我们找出问题的解决办法吗？
- 现在迫切需要解决_____问题吗？
- 您是否在寻求一种改善_____的方法？

- 降低成本是不是当务之急？
- 您需要在这件事上快速行动吗？
- 现在就解决那个问题，您认为怎么样？
- 您认为找出＿＿＿＿＿＿的解决方案有多重要？

3. 使用价值问题

价值问题和其他 SPIN 问题有着根本上的不同。虽然这些问题比较难问，但它们非常有用，与访谈的成功密切相关。使用得当，这类提问能够鼓励客户说出需求，帮助销售达成目标。

2.3　SPIN 原理：客户价值最大化

一个简单却重要的问题：为什么 SPIN 重要？ SPIN 销售法背后的原理是什么？

答案在于"价值等式"：价值＝回报－成本。当面对一个购买决定时，客户必须比较两个相关的因素——回报与成本（见图 2-1）。回报取决于客户问题的大小，问题越大，解决这一问题的回报就越大。显然，当问题的严重性（回报）大于对策的成本时，就有可能买（此时价值为正数）；反之，当对策的成本大于解决问题所能获得的回报，就可能不买（价值为负，即没有价值）。

图 2-1　价值等式

在小生意中，比如买一双袜子，购买成本微不足道，交易一蹴而就，营业员无须用 SPIN 销售法使客户看到"问题的严重性"。但在大生意中，例如引进一台全新的设备、一个新的供应商，如果不是客户对现状不满，遇到了严重的问题，或销售人员如果不能让客户意识到这些，客户做出购买决定的可能性就很低，因为成本或风险太大，未必物有所值（价值为负，没有意义）。无疑，要让客户认为有意义，加大价值天平中回报一端的分量并使之超过成本是关键。回报的背后是问题的大小，帮助客户找到问题，并揭示问题如果得不到解决的后果、影响，进而引导客户看到解决问题的利益，就能让价值天平向回报一端倾斜，而这正是 SPIN 的定位与核心任务。

在尼尔·雷克汉姆的《销售巨人》一书中，有一个耐人寻味的教学案例很好地演绎了价值等式原理及 SPIN 在其中扮演的角色。

卖方：那么，你们这个部门是不是在使用 Conker 生产的机器？

买方：是的，我们有三台设备。

卖方：有没有给您带来什么问题呢？

买方：没什么大问题。只是有噪声，不过……

卖方：[打断] 我们的机器比 Conker 的机器声音小得多。实际上测试表明……

买方：[打断] 不错，但噪声不是问题，因为我们的操作员都戴有护耳装置。

卖方：我明白了……你们还有没有其他问题？

买方：没有什么严重问题。

卖方：你们的操作员在使用 Conker 的机器时是否有困难？

买方：是的……有一点儿……但是我们已学会怎么操作了。

卖方：我们新的 Easy 系统可以解决您遇到的困难，这个系统比 Conker 好用得多！

买方：这套系统的价格是多少？

卖方：基本系统大约是 12 万美元，其中包括……

买方：12万美元！就是为了让机器好用一些？你在开玩笑吧！

点评：不难看出，这是一个不成功的访谈。虽然卖方一直试图引导客户需求，也用到了若干SPIN中的背景问题（S）和难点问题（P），但还是遭到了拒绝。用价值等式来分析能明白其中原因：虽然买方使用Conker存在两个问题——噪声和操作困难，但问题不大，且已有应对之策，但卖方提供的对策的成本却很大（12万美元），价值天平完全向成本一端倾斜，买方会认为不值得、不需要（见图2-2）。

如前所述，好的销售人员知道如何进一步让客户深入关注问题的影响，看到问题背后更大的问题。这有助于增强客户寻求解决方案的意愿和采取行动的紧迫感。

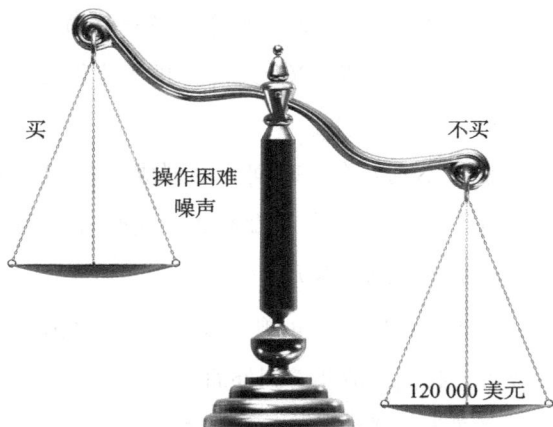

图2-2　案例解析

情境再现，如果重演一次……

卖方：操作员使用Conker机器有困难吗？

买方：确实有一点儿难用，但我们已经学会怎么操作了。

卖方：你说它们不好用，这对你们的产量有什么影响？

买方：影响不大，我们专门训练了三个人，他们知道如何操作。

卖方：如果只有三个人会用这些机器，是否会造成生产中的瓶颈现象呢？

买方：不会，只是在某个 Conker 操作员离去时，才会有些麻烦，要等新人受完训练来接替。

卖方：这么说来，由于机器不好用，导致受过训练的操作员离职，造成人员的流动。对吗？

买方：不错，因为不喜欢使用 Conker 机器，操作员一般不会和我们一起工作很长时间。

卖方：从训练费用来看，人员流动大对您意味着什么？

买方：训练一个熟练的操作员要几个月的时间，所以……我认为训练一个操作员的工资和福利加起来大约 4000 美元。此外，我们还要交给 Conker 500 美元让新操作员到 Conker 的工厂接受实地培训。另外，还有大约 500 美元的差旅费。你看，我们培训一个操作员大约要花 5000 美元。我估计我们今年至少培训了 5 个操作员。

卖方：那就是说，不到 6 个月时间，培训成本就超过了 2.5 万美元。而在这 6 个月里，从来就没有 3 个完全称职的操作员同时在岗。这对生产造成了多大损失？

买方：损失并不大。每次出现瓶颈现象时，我们就说服其他操作员加班，或者，我们把活儿送到外面去做。

卖方：那么加班费不更增加了你们的成本吗？

买方：这倒是。加班费是正常工资的 2.5 倍。即使付了加班费，操作员还是不太愿意加班。我想这就是人员流动频繁的原因之一。

卖方：另外可以想象，被迫把活儿送到外面去做，是不是使你完全依赖别人的交货时间？

买方：别提了！我刚刚打了 3 个小时的电话，催一笔过期的货。

卖方：所以 Conker 机器不容易操作，您今年为培训操作员花了 2.5 万美元，还致使操作员频繁流动，造成昂贵的代价。生产上的瓶颈现象导致了高额的加班费，而且还迫使你把工作送到外面去做。但是把活儿送到外面去做，难以令人满意，因为质量难以保证，不能准时交货。

买方：听你这么一说，Conker 机器确实给我们带来了很大的问题。

点评：还是 12 万美元，但买方似乎不嫌贵了，为什么？因为问题多和严重了，解决问题所能获得的回报也更大了。卖方在访谈中有效运用了暗示问题（I），在原有的 Conker 机器的噪声和操作困难两个小问题上，继续发掘了培训费、加班费、人员流动、质量控制、交货期等若干大问题，价值天平开始向回报一端倾斜（见图 2-3）。

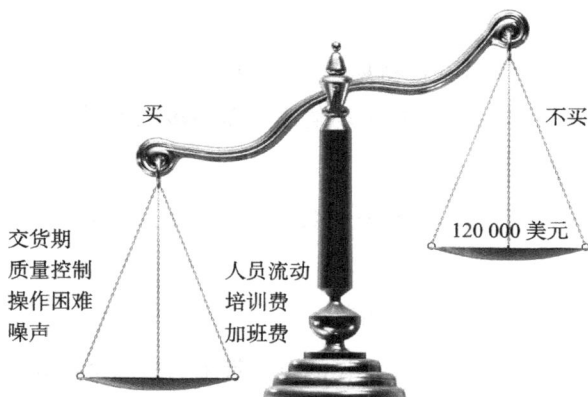

图 2-3　案例解析

如何使用暗示问题是区分一流销售人员与普通销售人员的标准之一。普通销售人员不缺乏产品知识，但对客户的业务状况和问题影响缺乏深度了解。

接下来，体验价值问题（N），继续加大价值天平的倾斜度……

买方：听你这么一说，Conker 机器确实给我们带来了很大的问题。

卖方：那么，机器易于使用对你们有多大帮助呢？

买方：在某种程度上会使事情简单得多。但是，我还要考虑到换机器可能会中断生产。

卖方：那当然。但您说如果机器好用一些，事情就会简单得多。您觉得简化以后，会有什么效益呢？

买方：主要使操作员的速度尽快达到要求。当然我们还可以解决加班问题，这一点很重要。

卖方：是从节省成本来看很重要呢，还是由于别的原因？

买方：真正说来是积极性问题。如果大家的积极性低到极点，加班时间工作效率难得提高。

卖方：那么，您是否觉得减少对员工的加班要求，使用易于操作的机器能够帮助您提高员工积极性？

买方：不能解决全部问题，但可以使情况有所改善。

卖方：还有别的好处吗？

买方：嗯……还能节省培训费。你知道，现在培训一个人需要5000美元，而且操作员离职的速度差不多赶上了我们培训操作员的速度。

卖方：如果你们的人员流失这么快，那么减少人员流动似乎也是一件重要的事。是吗？

买方：这绝对是我想做的事。

卖方：这是不是使用便于操作的机器带来的另一个好处？

买方：如果操作员因为泄气而辞职（我想，这是我们失去他们的主要原因），而如果易于操作的机器会使他们不那么丧气……对了，我觉得是这么回事，如果我们的机器易于操作，我们就能够减少人员的流动。另外……

2.4 规划销售访谈

理论指导实践需要依托工具，帮助销售人员做好销售规划，预判客户可能遇到的问题，拟定用于发现和解决这些问题的 SPIN 提问"清单"。表 2-1 "销售访谈计划表"就是一个用于深度销售访谈的有效工具，设计 SPIN 提问，找到客户需求调查的路径。

表 2-1　销售访谈计划表

访谈目标（设定几个目标，取得销售进展而不是拖延）

客户现状（写下你需要了解的客户当前的情况或计划）

客户问题（客户可能有的难点、挑战）　　　　　潜在影响（暗示问题背后的问题）

客户需求（写下你希望客户考虑或提出的想法、要求等，对此你能给予解决）

2.4.1　做好 SPIN 功课：销售访谈计划表

1. 访谈目标

设定两大目标，即行为目标与承诺目标，使销售访谈有方向、有效率。

行为目标是需要自己做到的事，致力于供需双方相互了解，发现商机，例如：

- 了解客户业务情况。
- 介绍你的企业。
- 发现你的竞争对手。
- 明确最终决策人。
- 识别客户需求。

承诺目标是需要客户答应的事，未必成交，但一定能使销售取得进展，例如：

- 获得试订单机会。
- 约见客户决策人。
- 提供产品试用。
- 邀请实地考察。
- 撰写提交建议书。

销售人员的任务就是获得客户承诺，持续取得销售进展。但是一项研究表明，在销售拜访中，仅有 38% 的人在努力要求承诺，其中一个重要原因就是销售人员没有设定承诺目标。持续稳定地获得客户承诺，做到"进门之前有目的，出门之后有结果"，销售周期可以缩短，客户对你的建议和方案也更有信心；反之，不设定承诺目标，销售拜访后就没了下文，客户对下一步要做什么也感到困惑，导致销售效率低下和机会流失。

2. 客户现状

写下你需要了解的有关客户在日常运营或当前项目开展等方面的现状、计划或关注等。访谈中，可以提问的方式找到这些重要的事实，这就是背景问题的设计。

3. 客户问题

写下你预判的客户可能存在的问题、困难或者不满等（对此你能给予解决）。访谈中，可以提问的方式求证问题的真相，这就是难点问题的设计。

4. 潜在影响

写下如果问题得不到解决，将会给客户带来的后果、作用或影响。访谈中，可以提问的方式引导客户关注问题背后的问题及其严重性、紧迫度，这就是暗示问题。

5. 客户需求

写下你希望客户考虑或提出的想法、要求（对此你能给予解决）。访谈中，可以提问的方式鼓励客户说出这些需求，并理解客户对解决方案的回报、效用、价值的看法，据此制定对策，这就是价值问题。

如前所述，优秀的销售人员总是以客户为中心，在访谈前预判客户的问题及影响。他们事先认真准备提问，而不是在访谈时临时发挥。访谈计划表就是这样一个有效的工具，帮助销售人员设计 SPIN 提问，站在客户角度考虑自己的产品，定位于问题解决者，做建设性拜访。

很多受训的销售人员说出了他们填表时的感觉：那一刻自己就是客户，体验了一种前所未有的对客户问题和需求的深度关切，一瞬间，发现了以往因只盯着自己的产品而屡屡忽略的机会点，灵感迸发，思路也更为清晰，甚至有一种马上见客户的"冲动"，因为这时他们满脑子都是如何能帮助客户的想法。

2.4.2 如何处理不清晰或不完整的需求

发现客户的需求大多从讨论客户的问题开始，但有时一开始客户就想讨论解决方案。例如，销售访谈刚开始，客户可能会说：

"我们需要一种降低运营成本的方法。"

"我们需要提高系统生产效率。我们知道你们公司在这方面有很多经验，请告诉我们。"

这时候该怎么办？没有经验的销售人员会立刻滔滔不绝地介绍自己的产品或服务，以及如何满足客户的需求。他们以为客户明确表示要找一个解决方案，这就是成交的机会。老练的销售人员不会掉进这个陷阱，他们明白，虽然客户明确表示想要解决问题，但并不意味着他们一定想要你的解决方案。所以，必须首先知道是什么问题使客户寻求改变，对客户造成了什么影响，客户要的又是什么，你能解决这些问题吗，又如何把客户的需求与自己的产品或服务联系起来。

最好的方法是提问，运用 SPIN 收集信息，发现问题，清晰、完整地理解客户的需求，进而强化客户的购买意愿和选择你的可能性。例如：

"降低运营成本很重要，我们能够在很多方面提供帮助，您认为当务之急要解决的问题是什么？"

"感谢您对我们的信任，提高系统生产效率确实很关键，我们也有很多成功经验，首先想了解一下目前你们在系统使用中的几个问题……"

首先是认同客户寻找解决方案的意愿，接着运用 SPIN 提问来获得完整清晰的理解，使访谈不知不觉地进入需求调查阶段。这样，你才有可能给自己的解决方案一个最好的定位，知道该说什么、该做什么。始终牢记一句话，对销售而言，会说的是新手，会问的是能手，会听的是高手。

◎ 案例 2-2　　　　　　失败的销售代表

一位工业自动控制系统行业的销售代表，其产品比竞争对手的价格高出一截，但这并没有成为交易的障碍。他销售的控制系统在某些技术设计上是竞品所不及的，所以最后大多能说服买家相信他的产品物有所值。

机会来了：一家即将落成的工厂发出招标邀请，采购全套工业自动化控制设备，一个能让所有投标者心动的大单。销售代表很有信心，自忖价格不是问题，因为之前他就通过内线得知采购委员会对自己公司产品的技术设计评价颇高。经验丰富的销售代表提前拟定了一份漂亮的产品建议书，说明自己产品的强项。在随后的招投标会上，他的发言也是精心准备，重申虽然他销售的系统贵 15% 却能为客户带来更多的效益。这一定是客户最在乎的，他这样想。

然而，让他意想不到的是，两周后招标结果出来了，最终拿到这笔丰

厚订单的不是他 而是自己的竞争对手。

数月后，这位销售代表有机会与客户采购主管共进午餐，对方告诉他："我们很抱歉没有把订单给你，因为你的竞争对手能做到 6 周内设备全部到位，而你需要 12 周的时间。招标评估中，发货时间对我们是第一重要的，虽然当时我们更看好你的产品。""什么？"销售代表几乎跳了起来，"如果我知道发货时间对你们那么重要，5 周内我的设备就能全部到位！我当时说 12 周是因为我估计你们的厂房离竣工和做好安装准备至少还需要那么长的时间！"

这位销售代表的失误在于只看到了客户的需求，却没有清晰、完整地理解需求。过于主观的判断、询问与倾听的缺失，使他与机会失之交臂。相比之下，他的竞争对手很清醒并能击中客户要害。

2.4.3 SPIN 应用误区与注意事项

1. 归类问题

不要纠缠在 SPIN 问题的"归类"上。某一提问应该归入难点问题还是暗示问题，这不是 SPIN 的目标。SPIN 不是把你培养成行为学研究者，而是告诉你有不同种类的提问会影响销售的成功，并且教你熟练地运用这些提问。

2. 避免操纵话题

一些销售人员在开始使用 SPIN 时，最大的错误是过度操纵访谈。他们有选择地讨论客户问题，决定谈话的方向。这是一个严重而得不偿失的错误，不但使客户感到不快，还有可能破坏销售成功的机会。

诚然，在某些情况下你必须主导话题，但别忘了客户明白自己的问题和需求，至少部分问题和需求。他们不一定有完整的了解，也不是总有迫切改变现状的愿望。但客户既然答应见你，说明心里有话要说，想和你讨论某个问题或需求。在这种情况下，最有效的方法是鼓励客户说出来，提出一些普通的问题，例如：

- 您在寻找什么解决方案？
- 您想改变什么？
- 什么问题需要解决？
- 您想达到什么样的目标？
- 您在试图改进什么？

一旦客户开口，你就可以利用 SPIN 的各种提问发现问题，引导需求。记住，销售人员必须明白客户心中的想法。也许你和你的竞争对手同样能解决客户的问题，但如果不给客户提问题的机会，客户就不知道你的能力所在。

3. 次序问题

一些销售人员采用一次发掘一种需求的方式，然后解释自己的产品和服务如何能够满足这种需求，转而继续发掘下一个需求。

一些销售人员先把客户所有的问题都摆出来，然后针对那些自己认为最有潜力或擅长的问题，选择性地使用暗示问题和价值问题。

一些销售人员在提出解决方案之前，尽可能发掘客户的多种需求，然后拿出一个"总体解决方案"，来满足客户的全部或大部分需求。

关于上述情形，不存在"最好"一说，应视实际情况而定。你必须调整对话方式以适应特定的客户习惯。

如果客户正向你提供多个问题或需求的切实有用的信息，让他们说下去。不要仅仅因为你想一次解决一个需求而打断客户。鼓励客户一直说下去，必要时做笔记，帮助你回想客户所说的内容。

如果你喜欢在讨论解决方案前一次性挖掘客户的所有问题或需求，记住，信息需要及时交换。只有非常耐心的客户才会在讨论解决方案前不厌其烦地回答问题。如果发现客户变得不耐烦，最好提出解决方案或部分解决方案，以免客户失去兴趣。提供了信息后，可以继续提问。

4. 创造客户愿望

Huthwaite 的研究发现，成功的销售人员能够使客户有解决问题的意愿和紧迫感，这是他们与普通销售人员的区别。有两种方法可以影响客户解决问题的意愿。

（1）询问难点问题和暗示问题，揭示客户问题的大小、范围和严重程度。问题越严重，客户就越有可能寻求解决方案。

（2）询问价值问题，获得客户对解决问题所能得到的回报的看法，鼓励客户主动说出解决方案带来的效益，使他们从"消极思维"（问题）转向"积极思维"（回报），用来增强承诺的意愿和参与感。最后，价值问题还可以帮助你为解决方案做出最佳定位，使之为客户满意和接受。

5. 选对问题

成功的销售人员清楚自己的产品或服务所能够解决的问题，还知道客户在某种情况下最有可能出现什么问题。也就是说，成功的销售人员擅长选择那些对客户而言更有可能出现且能够予以解决的问题领域。如果选对了客户痛点，需求发掘就容易很多。

选择"对"的问题需要销售人员拥有扎实的产品知识、市场知识、竞争知识和客户知识，还需要在每个访谈之前做好计划。

6. 提问不是审问

作为销售人员，你想从客户那里获取信息。但必须记住，访谈的目的是解决问题，而不是审问。有几种方法可以避免"审问式访谈"。

首先，提问方式要有变化，避免重复使用同一类用语，例如：

不要重复问 可以采用多种措辞

- 它怎样节约时间？ 这对公司运营将会产生怎样的省时效果？
- 它怎样减少成本？ 在财务上会带来什么样的影响？
- 它怎样节省预算？ 估计在预算方面有多大的节约潜力？

其次，使用能把提问和客户的表述或回答关联起来的措辞（过渡性用语）。这样交谈会更自然，也显示你在倾听并重视他的讲话。例如：

- 电话里您提到了对系统的一些担忧，现在使用什么系统？
- 这的确让人烦恼。假如在这方面有问题，我想您在_____方面也会有问题，是这样吗？
- 我明白了。既然是这样，还有什么其他方面受到了影响？
- 以前您说_____方面有问题，这些问题如何影响刚才您所说的现状？
- 您想升级系统，很好，我们能提供一个整体的解决方案，您最希望哪方面有改善？
- 我们知道，处理时间对您来说最重要。如果缩短处理时间，对财务会有什么帮助？

最后，认真听客户讲话。有时销售人员过于专注提问，忘了听讲。忽视客户讲话，客户必然厌烦或冷落你。通过语言和非语言的行为，让客户看到您正在听他讲话。例如：

- 点头，做出适当的表情，保持眼神接触，记笔记，表示对客户的话感兴趣。
- 转述客户的讲话重点，例如，"这个问题不仅影响一个部门，事实上已波及了整个公司，您是这个意思吗"，或者"您是说那不是处理速度的问题，而是质量控制的问题，是吗"。

使用以上有关联作用的措辞，表明你正在倾听客户讲话，并且很重视客户的信息、想法和意见。

第 3 章

需求的真相

> 客户需求在于其最关注的三类人——客户
> 的客户、客户的对手、客户自己（企业的运营）。
> 销售就是在这三个领域中发现客户问题，提供解
> 决方案。这一需求模型犹如一座高耸的灯塔，为
> 红海中前行的销售人员有效发现机会、争取成交
> 指明了方向和路径。

3.1 客户需求深度分析

SPIN 作为解决方案式销售中一种强大的提问及需求分析工具，使训练有素的业务顾问比竞争对手更有可能发现和解决客户的问题与关注，向成交迈进。然而，现实中的销售访谈没有教科书一般的理想化。在整个销售过程中，提问只是其中的一道重要工序，而非全部。更为重要的是，SPIN 的里程碑式的销售理念绝不只停留在提问技巧这样"术"的层面，而是在回答"销售到底是什么"这样的核心问题，探究销售的真谛。

销售到底是什么？解决方案式销售的定位是做客户的问题解决者，而不是产品推销者。解决问题的前提是发现问题，而 SPIN 就是用来发现客户问题的工具。如果医生给病人诊断需要听诊器，SPIN 就是在销售中给客户诊断的"听诊器"。在销售人员眼里，客户是"病人"，病症就是运

营中的问题，而问题的背后是需求。"需求是成交之本，而问题是需求之母"，这便是销售的真谛。

说到底，SPIN 是发现需求的通道，其本身不代表需求，而需求才是销售最核心的元素，这比 SPIN 更重要。那么，需求在哪里能被找到？客户的问题都是些什么？我们需要一个答案，一个具有普遍意义的思维导图，据此指导销售实践，提高订单赢率。

3.1.1　久保田的解决方案启示

案例能帮助我们发现和总结。日本久保田（建机）是全球领先的小型挖掘机制造商，从 2002 年起，已连续多年稳坐世界小型挖掘机市场的头把交椅。品质优秀也意味着价格不菲，如何卖是决定成功与否的关键。无疑，久保田有自己的答案。为久保田授课多年，这些"如何卖"的故事得以在课堂上提炼和分享，可圈可点，值得回味，令人尊敬。

◎ **案例 3-1　　　久保田的解决方案式销售**

目标客户张宏是安徽滁州定远县人，原来一直开农用工程车拉土方谋生，但生意一般，且行业竞争激烈，挣不到钱。张宏有一个叔叔在定远县当地做工程施工，手中有两台挖掘机，都还是知名品牌，平日活多，收入相当可观。有时候累了，就把机子租给别人开，晚上在家数钱。男怕投错行！张宏看在眼里，急在心里，盘算着是否也踏入这个行业，像他叔叔一样挣钱。

终于，经过一番思想斗争的张宏下定决心，卖掉了他的农用工程车，准备用这笔钱买一台挖掘机，另起炉灶。机子选择早已想好，买跟他叔叔一样的品牌。一是平日在工地看到的全是这款挖掘机，想来这么多人买，一定不错；二是自己也试过这个机子，手感挺好，打心里认可；三是最为重要的一点，机子 30 多万元的售价对张宏来讲刚刚够得着。要知道，他原先那台破车卖不了几个钱，现在改行，还是和一个老乡合伙的。就现在这款挖掘机的价格，他也得做三年按揭，否则付不起。所以，天时、地利、人和，张宏决定了。

久保田刚进驻这个区域，显然是个迟到者。久保田代理商的业务人员打听到这件事，赶紧来找张宏洽谈，同类机型报价比现款高出6万，被缺钱的张宏一口回绝。更何况在张宏眼里，久保田初来乍到，在当地没有任何成功案例，机子性能又陌生，自己没有任何理由选择，也不敢选择。

不过这只是故事的开始。久保田的业务人员显然是有备而来。来访前，他已去定远县当地做了调查摸底，要找一些关键信息并且找到了：

（1）定远县当地的工程类别及工地需求，调查到的结果是定远县正在做大规模城镇化改造，工程主要以农村基础设施建设及市政管网铺设为主。

（2）定远县当地的挖掘机现状，包括数量、吨位、接活类型和竞争形势等，了解到大约有20台，都为国产机和韩国机，大部分（占80%）吨位都比较大，而且机主起步都比较早，各有各的市场渠道与关系，划分了"势力范围"。

显然，张宏一旦入行，他叔叔和所有在当地经营的机主都无一例外成为竞争对手，视他为眼中钉。对方一有市场渠道和关系，二有施工经验和案例，更有各自的"势力范围"，这对新手而言都意味着莫大的挑战。在与张宏分析了既有的市场态势后，久保田的业务人员抛出一个问题："张宏，你有了挖掘机，工程在哪里？谁给你订单？如何能在短时间内掘到第一桶金？如果生意不顺，如何还你的贷款？"

一句话，如何起步和挣钱？这远比买一台挖掘机重要，也才是客户真正的但在当时或许还未意识到的需求。谁能在这个问题上指明一条出路，客户就会选择谁。这是久保田销售代表的高明之处，他要给张宏解决方案，而不是卖一台挖掘机。

张宏怔住了，问道："你有法子吗？""我有！"根据已掌握到的信息，久保田业务人员首先给出了一条建议：能否找到市场细分，做一些目前竞争对手的挖掘机无法作业或顾及的市场领域，比如小型的农村基础建设以及自来水管道工程？原因是现在定远县这类工程多，而当地的挖掘机多为大吨位，更适合也更愿意揽大活，对这些小街小巷的管网铺设和墙角开挖，他们不太在意。一是机子体量大，开不进，即使勉强开进来了，硕大的抓斗也很难施展或挖到位；二是相比这些不起眼的小工程，还不如揽大活挣大钱。这恰恰是张宏切入市场的良机。

这一刻，张宏似乎看到了希望，跃跃欲试，不过转念一想价格，又有些望而却步。要多付 6 万元，毕竟太冒险了，是否可以考虑别的小型挖掘机呢？"当然，"久保田业务人员补充道，"但作为新手，你的施工经验和项目案例都不足，没有竞争优势，当地毕竟还是有几台小挖掘机的，甲方未必选择你，所以能否在挖掘机上制造卖点，争取入围的机会？"

在先前的调查中，久保田业务人员发现定远县当地的挖掘机都是国产和韩国品牌，而作为世界小型挖掘机领导品牌的久保田显然在小型工程作业方面更胜一筹，也更能博得甲方的眼球。"如果你选一款品牌和专业性能都高于竞争对手的小型挖掘机，就有可能形成差异化的竞争优势和卖点，赢得甲方青睐。"业务人员建议。

最后，一心想干番事业的张宏认定了两个想法：一是做小工程；二是买一台更好的、与众不同的、以小见长的挖掘机。如此，久保田的机会呼之欲出，因为这恰恰是它的卖点。

接下来便是跟进、呈现和体验式销售，由此让张宏看到久保田小挖掘机的无尾回转、动臂侧移等专利技术和速度快、油耗低等在小型工程的作业优势。同时，突出久保田在当地的品牌独占性，解析挖掘机在有效工时、工况适应性、施工质量、使用寿命以及技术支持等方面的优势及可预期的回报。

最终，张宏多花 6 万元，购买了一台崭新的久保田挖掘机。

这个案例对如何把解决方案式销售做到最好有着丰富和多样的启示。

最直接的启示在于，SPIN 是"问"的集大成者，但销售绝不止于

"问"。"问"是为了让客户说出他们的问题，但不是每次客户都知道他们的问题所在。要找到答案，除了"问"，更需要销售人员对市场的研究、对竞争的分析、对客户的预判，用眼睛和腿脚提前做好功课，才能为客户找到问题和解决之道。这与"问"殊途同归，但已远超出"问"的范畴，也比"问"更强大。销售人员在为客户说对话、做对事，此时无"问"胜有"问"。这是销售真正需要发力的地方，不在于语言之形，而注重行为之实，成为名副其实的顾问。

所以，SPIN 的伟大意义不只在于对提问技法的归纳，而是昭示如何通过一系列有效的销售行为，最终成为客户的问题解决者，而不是产品推销者。学 SPIN，一定要跳出形而上学的机械论，转而汲取其大象无形的精髓。

3.1.2　需求背后的需求

案例给人的另一深层思考是，什么原因使一个缺钱的客户最终选择了更为昂贵的产品？也就是说，客户的需求在哪里？问题有哪些？如何去识别这些关键要素，并能够举一反三地找到客户需求的共性？这比 SPIN 更重要，也是我们要总结的"思维导图"。纵观案例全过程，可以看出张宏之所以选择久保田，是因为后者能够帮助自己起步和挣钱，这体现在三个方面，也正是客户的三大需求：

- 选择久保田意味着自己能够在第一时间做出精准的市场细分，找到属于自己的目标客户，获得工程和第一桶金的机会。这对客户而言是至关重要的，也就是说，客户需要搞定自己的客户，久保田揭开了这一需求并给出了解决方案。
- 久保田使自己有了差异化的竞争优势和卖点，能够与竞争对手分庭抗礼，至少不被对方吃掉，将来还可以做大做强。这又是客户的一大需求，即如何搞定自己的竞争对手，或向对方看齐，久保田切中要害并提供了可能。

- 多花 6 万元，但有效工时、工况适应性、施工质量、使用寿命以及技术支持等都有上好的表现，投入产出比高。这还是客户的需求——如何使自己的运营更有效，成本更低，效益更好，久保田让客户看到了希望。

原来，这就是客户需求，源于客户最关注的三类人——客户的客户、客户的对手、客户自己。久保田之所以拿下订单，是因为关注并一一满足了张宏在这三个方面的需求。张宏要的不是一台挖掘机，而是市场机会、竞争优势和投资回报。

不妨做一个假设，如果当时久保田没有出现，张宏买了那台原本要买的挖掘机，难道就真的无法在当地立足了？不可能。这个时代，机会到处都有，每台挖掘机也各有所长，只要努力，挣钱应该没有问题。但张宏最终选择了久保田，为什么？因为卖挖掘机的人不一样：对手在卖产品，久保田在卖方案；对手在做推销，久保田在做顾问；对手在谈价格，久保田在论价值；对手在想着赚钱，久保田在帮助客户赚钱。这就是销售的分水岭，任何时候，人总是第一生产力。

3.2 客户最关注和想搞定的三类人

需求在于客户最关注的三类人——客户的客户、客户的对手、客户自己。这一重要发现犹如一座高耸的灯塔，为红海中前行的销售人员有效发现机会、争取成交指明了方向和路径。表 3-1 对"三类人"及其背后的客户需求进行了归纳。

表 3-1　客户需求分析表

关注对象	客户的客户	客户的对手	客户自己（企业）
内在需求或 希望解决的问题	市场开发 销售收入 利润率 客户满意度 ……	竞争优势 差异化 产品创新 市场地位 ……	采购成本 交货期 技术性能 服务支持 ……

销售就是在上述三个领域发现客户问题，提供解决方案。

3.2.1　客户的客户分析

客户关注他们的客户，需求在于如何获取自己的市场开发机会，提高销售额，增加利润率，建立他们客户的满意度或忠诚度，等等。一旦在这方面出现问题、短板，或者意识到还有改进、提高的空间，客户必定要一个解决方案，需求由此产生。所以，销售可以在这一层面进行调查、分析，关注客户的市场，找到其痛点，并提供产品或服务资源，帮助客户搞定他们的客户。当客户认同并接受你的方案，就意味着成交。

久保田首先就是在这一点上赢得机会的。前文讲述的"巴布洛生态谷贺卡门票项目"案例之所以能够成功，也是因为邮政的业务人员提出了一个"搞定客户的客户"的方案：把门票设计成明信片样式，印上邮资，游客可以当礼物寄出，既避免浪费，也给生态谷做了一个免费广告，收到明信片的人过来玩可以把这张卡片当作优惠券，这样生态谷景区的客户群就会络绎不绝。记住，客户愿意让你挣钱，是因为他们相信你能帮他们挣钱。

有意思的是，"客户的客户"不但指外部客户，内部客户同样适用和重要。比如，客户的采购人员是你的直接买家，而采购人员的客户则是自己公司内部的各运营部门，如生产、质检、研发、营销、人事或法务。一家培训机构的金牌销售员在分享他的成功经验时说："你以为我只跟人力资源部主管谈培训（通常公司的人力资源部负责员工培训）？事实上，如果是销售课程，我会借培训需求调研跟销售总监谈；如果是生产培训，我会努力找到生产主管定制一个课程方案；如果是中层干部培训，我会想办法尽可能地约见各部门经理，当然如果能见到老总更好，然后做出文案。当这些人认可了我的课程和方案，人力资源部就不会反对了，因为这些人是人力资源部的'客户'。"客户是上帝，显然，这个销售是通过"客户的客户"反过来搞定客户。

所以，'客户的客户'有两层含义：一是销售人员基于自己的产品和服务资源，与客户一起工作，最终帮助客户搞定他们的客户，从而达成交易；二是设法找到"客户的客户"，让他们认可你的产品或服务，反过来帮你搞定你的直接客户，推动交易达成。"客户的客户"分外部客户和内部客户两种情况，需要销售人员审时度势。

3.2.2 客户的对手分析

客户关注他们的竞争对手，需求在于如何建立竞争优势，走差异化路线，做创新的产品，巩固或提高自己的市场地位、行业排名，等等。当前企业面临的营销困境是产品性能同质化严重，买方市场日趋强势；另外，客户需求日益差别化、精细化，一招鲜的神话不复存在。市场的丛林法则对企业是不进则退的挑战。他们需要帮助，需要与众不同，能够在红海中看到蓝海。这正是销售的机会，让客户登上你的诺亚方舟。

久保田能够胜出，在于使客户有了差异化的竞争优势，锁定"客户的对手"。无独有偶，福田卡车的山东代理商在课堂上分享过一个案例。在一次交易中，代理商一下卖了 50 辆 LNG（液化天然气）卡车，车价每辆高出普通燃油卡车 12 万元，后客户又追加 25 辆。让人不解的是，客户是国内石化行业的大型物流公司，因其在价格上竞争不过中小型物流公司，屡屡败北，濒临亏损，正打算退出物流市场。最后决定引进 LNG 卡车，是因为 LNG 燃料成本每公里可减少 1 元，按现有行驶里程计算，一辆车全年可节省油费 12 万元。如此，客户有能力在价格上同中小型物流公司抗衡，重整旗鼓。结果，他们的确做到了，成功打响了市场反击战。

需要指出的是，"客户的对手"并不意味一定要打败对手。有时，客户力图向行业标杆学习、靠拢，销售人员可以导入这些优秀企业（对手）的成功资源；有时，客户迟迟下不了决心购买，销售人员可以告诉客户有多少公司（对手）已经在做了，效果和业绩如何，用成功案例推动交易；有时，客户需要一个更好的行业排名，销售人员可以帮助客户找到晋级的机会或实现的路径……这些都属"客户的对手"的范畴。

3.2.3　客户自己分析

客户关注他们自己，其实就是持续改善企业运营的需求。在评估、选择供应商时，客户大多有如下考量：

- 采购成本，包括采购价格、后期的运营、维护成本及风险等。
- 交货期，涉及供应商的产能及供货能力（特别是断货的风险）。
- 产品性能，如品质表现、功能设计、技术先进性、研发能力。
- 服务支持，指供应商在售后保障方面的承诺与执行力。

当然，客户关注的还远不止这些。销售人员要做的，就是在上述这些领域深入调查，做一个发现者（可以用上 SPIN 这样的方法和技巧），找出在成本、交期、产品或服务方面客户可能有的问题、困难、不满、瓶颈、挑战或潜在风险，为客户提供解决方案，或雪中送炭，或拾遗补阙，或锦上添花。这便是成交的机会。

旭川化学是国内领先的聚氨酯树脂专业生产商，力求攻下一大型皮革企业客户，一直未成功。在课堂讨论这个失败案例时，如何关注"客户自己"的思路为下一步销售策略提供了方向。

- 方案一：从产品本身出发，通过配方改良与成本控制，开发出一款与现有供应商的产品同等价位但性能更优越的树脂，在技术层面和性价比上寻求突破。
- 方案二：从供货能力出发，发挥旭川地理优势（与客户工厂距离更近），确保在客户生产旺季时及时发货，保证用量，避免因断料造成的损失。同时，给予运费优惠（在树脂单价上体现），降低客户的整体采购成本（与年采购量绑定）。
- 方案三：从企业发展出发，依靠旭川的技术力量和规模优势，客户可以得到坚实的售后服务和技术支持。同时，借助旭川在整个合成革行业的影响，客户无论在产品档次还是市场地位上都将得到升级。

接下来，旭川化学的销售人员要做的工作是深入客户企业内部，找到利益相关者（有关运营部门，不止采购一个部门），在客户自身的产品优化、供货保障及现有供应商的服务支持等方面发现、诊断现存的缺陷、不足，充分运用 SPIN 销售法揭示这些问题已经或可能带来的风险和影响，将客户的痛点与旭川的卖点对接，产生合作的机会点。不指望一夜之间发生奇迹，但销售已经在正确的轨道上。毕竟，客户不会跟利益过不去。

关注"客户自己"甚至可以超越产品本身，对客户有帮助的资源都可以成为销售机会，案例比比皆是。中国最大的 ATM（银行自动柜员机）制造商广电运通在跟进一银行客户中，发现对方尚在起步阶段，工作千头万绪。销售人员于是利用其行业资源，帮助银行完成了涉及电子银行的一系列服务规程的拟定，甚至提供了网点布局和施工设计的建议方案。这些看似与 ATM 无关的举动决定了客户订单的最后归属。课后得知，这位销售人员的业绩在全公司排名前三。

◎ 案例 3-2　　　　　　　　把产品卖成筹码

一家世界知名的跨国石油公司在传统的日用石化产品市场正遭受众多小型竞争对手的排挤。这类产品早已进入市场成熟期，技术雷同，但由于高昂的生产和人力资源成本，在价格上跨国石油公司比竞争对手高出一截。就在公司销售代表备感压力之际，有一位成员却总能轻松完成任务。被问及"秘籍"时，他说："其实每个竞争者生产的溶剂都一样，为客户解决的生产和技术问题也都类似，所以如果还得维持原来价格的话，就得找出一些我能为客户解决的独特问题，否则客户没有理由买我们的东西。"

于是，这位销售代表另辟蹊径，专门找那些有独家供应商而合同又快到期、有待续签的目标客户。他知道大多数买家在合同续签之时会变得紧张起来，担心供应商提出加价要求（当时市场价格呈上升趋势）。"你看，"

销售代表这样跟客户说，"目前你们的所有溶剂都交给一家供应商打理，这样在新合同的谈判中还有优势吗？不如您把25%的订单给我们，在与原供应商的谈判中就能争取主动。对方因竞争压力的存在而处于劣势，不得不给您一个好价格，至少不会加价。"此时，销售代表卖的已不只是化学溶剂，而是一种成本控制的方案和谈判筹码，让客户很难拒绝。

3.3 "三类人"需求模型应用

客户需求在于其最为关注的"三类人"，而销售人员就是在这三个领域发现客户问题，提供解决方案。这是需求发现的路径图，不仅体现在销售人员个人的微观层面，企业的营销战略层面更可以此为思路，攻克一个市场而不只是一个客户。还是之前提到的杰克·韦尔奇的著名语录："我们发现一个不争的真理：如果我们所做的一切是使客户更加成功，不可避免的结果是对我们财务上的回报。"所谓成功，在于能否关注和解决客户所关注的"三类人"。

◎ 案例 3-3 添加剂公司客户新品开发案例

国内食品添加剂行业的竞争异常激烈，行业标准与市场准入门槛高。添加剂提供厂商与食品生产企业容易形成较稳定的买卖关系，新的添加剂厂商想"插足"进来很难，因为食品生产企业承担不起高昂的更换成本与风险。

但是，一家台湾地区的小型添加剂厂商在短短几年内挤进了这一竞争激烈的市场。它的诀窍是利用自身优势，帮助食品生产企业开发新产品。

这家企业的添加剂技术虽然领先，但进入较晚，开始很难打进大陆市场。后来它发现，国内食品市场的竞争已进入成熟期，新产品的开发能力成为决定企业能否长期盈利的关键。

现实情况是，国内食品生产企业的新产品开发环节比较薄弱，影响了业务发展，而这正是这家台湾企业的长处：它拥有高学历的专业技术人才和卓越的研发能力，了解全球食品市场的竞争态势与发展方向。

于是，他们决定在公司成立一个新的事业部——食品添加剂后续产品开发部，主攻方向不是添加剂，而是研究如何在自己的添加剂基础上开发出适应大陆的新产品。

运作方式是选择好有研发需求或技术瓶颈的客户，由销售部与后续开发部一起与目标客户沟通，特别是与客户的产品研发部门点对点合作，落实新产品的开发与研制。最后或助客户一臂之力，加快新产品上市进度，或组成团队联合开发，甚至将自家产品配方直接送给对方。

当然，不管是哪种形式的合作，一旦客户的新产品上市，添加剂一定是用这家企业的，这是配方的必需要求。避开正面竞争，寻找客户薄弱环节，真心实意地帮助客户成功，这家企业正是通过这种方式逐渐用自己的添加剂取代了老产品，一步步打开了大陆市场。

在这个案例中，"客户的客户"层面的需求是食品生产企业如何尽快推出新产品，攻城略地；"客户的对手"层面的问题是国内食品市场竞争已进入成熟期，新产品开发能力成为决胜关键；"客户自己"层面的现状是企业的新产品开发能力薄弱，影响了业务发展。最后，这家企业针对这三类人为客户交上了满意的答卷。

现在由过去时变为将来时。福田电器是国内家用墙壁开关行业的专业厂商。在培训课上，一个真实的目标客户被摆上了桌面，要求学员探讨如何与之合作，发展成为福田电器的代理商。面对一个进行中的未知项目，学员从客户关注的"三类人"出发进行需求和机会分析，逐步理清了销售思路，并与 SPIN 技术相融合。

◎ 案例 3-4　　福田电器分销渠道开发案例

客户背景

由于历史原因，福田电器开关刚进驻某市，需寻找该市区域内一空白县的代理商。该县为山区县，人口 42 万，地广人稀，经济欠发达，但县城周边的旧城改造工程量大。

经调查，福田电器找到了当地一家经营电工、灯具、管道的小型经营批发商行（也做当地一些小工程）。老板姓王，30 来岁，经销福田电器的一个竞品开关以及不知名的山寨货，年销量可以做到 50 万元左右，业绩不俗。

那么，如何谈下这个客户，让他转而经销福田电器开关？

销售思路

没有最好，只有更好。让客户相信与福田电器合作能为自己带来更多财富是销售策反的关键。所以，福田电器的销售人员可以尝试从以下三个方面寻找机会：

（1）在"客户的客户"方面，了解客户目前经销竞品的利润率、销售机会、市场份额等与销售业绩相关的指标，找到可能存在的差距或缺口（如单品利润小于福田电器开关，销量增长逐年下降，或市场份额停滞不前），使客户对改善现状、提升业绩产生关注和期待。以此为主线，福田电器销售人员就可以通过设计 SPIN 提问来探寻和求证是否有诸如此类的问题，并商讨如何利用自身优势向客户提供对应的解决方案（如帮助客户提高单品利润率）。

不指望客户一定有问题，但这样的访谈思路无疑使销售人员站在正确的轨道上，至少让客户觉得福田电器是来帮他的。一旦客户认可你，接下来的需求开发就好办多了。

（2）在"客户的对手"方面，重点关注客户在售开关的品种分布（产品线问题）、换代周期（创新性问题）、功能设计（差异化问题），以及相对于周边地区商户还存在哪些短板（竞争力问题）等，并通过 SPIN 提问和市场走访，逐一检视或找出客户在这些方面的竞争形势及挑战，对症下药地提供相关的产品或技术资源，帮助客户巩固或提高在当地的市场地位。

同样，不指望客户一定存在上述这些问题，但至少可以让销售人员与客户走得更近。

（3）在"客户自己"方面，围绕成本、性能、服务、市场保护等客户必须关注的焦点，探询他们是否有不满或希望在哪方面得到改善，诸如开关质量、返修率、用户投诉、窜货、厂商服务（包括响应时间、技术支持、促销活动、店员培训等）。

之所以聚焦客户的这些问题，不仅在于这些问题事关客户自身的利益，更重要的是福田电器有解决这些问题的优势或资源，比如产品更新快、品种丰富、质量有保障、服务到位。另外，没有窜货的困扰，渠道价格的相对不透明使经销商更有操作利润的空间，这些都有可能成为福田电器的突破点。

案例启示

思路决定出路。下一步的工作应该是运用 SPIN 销售法探究客户在这些问题上的生存空间，通过预先设计的提问鼓励客户多谈自身的困难和不满，从而找到"链条中最薄弱的一环"，即某个足以触动客户改变现状的问题，着手制订解决方案。

客户需求的产生源于意识到现有供应商的产品或服务有问题或不尽完美，销售必须帮助客户确认和看清这些问题，并发掘问题背后的不利影响和后果，使客户产生解决问题的强烈需求。这里的一个关键点是学会如何从解决客户问题的角度来考虑你的产品，而不只做机械的产品推介。换言之，你首先得考虑你的产品能够解决客户的哪些问题（不管这些问题是否真实存在），然后从解决问题出发进行访谈，聚焦客户，这样在需求调查阶段才能找准位置，确定方向。

SPIN 问题的生成绝非出于"想象"，其强大力量在于把一个复杂的销售过程用简单、精确的方式描述出来。从化妆品到计算机，所有的销售都是因为它们为买方解决了问题。产品和服务的一个定义就是它能成为某个难题的对策。

3.4 如何应对"满意"的客户

案例可以给人启示，但现实是"骨感"的，销售人员遇到的一个典型境况是："我去客户那儿，可对方说很满意现在的供应商，不需要我们！"这应该是销售人员最不想听到却听到最多的一句话。他们遇到了"满意"的客户，需求为零。

质疑是可以理解的。无论久保田、添加剂厂商还是福田电器，这些公司及其产品多少有些"卖点"，所以在遇到"满意"的客户时多少有些机会。但如果产品与竞争对手并无二致，又该如何？

其实，天下没有两片相同的叶子，企业之间、产品之间一定是有差异的，就在于如何发现与利用。不过更为重要的是，即使产品一样，卖产品的人却不可能是一样的。这正是决定销售成败的分水岭：任何时候，人才是最大的"卖点"，在遇到"满意"的客户时依然能够找到机会。

3.4.1 找到客户内部的"不满者"

在寻求成交机会时，以解决客户问题为出发点来考虑如何推你的产品是一种十分有效的策略。你得找到其中的一名成员或一个部门，对现状有所不满，而你正是那个能解决问题的人。

世界 500 强埃克森美孚石油公司有这样一个耐人寻味的案例。一个销售代表想把公司的日用化学品卖给当地一家大型制造厂。工厂有专门的代理机构提供采购外包服务。于是，这位销售代表找到代理商寻求合作，结果发现竞品的价格比埃克森美孚低，又合作多年，代理商挺满意，一时找不到机会。

被拒绝的销售代表把目光直接投向工厂内部，他明白只有找到"不满者"才可能有突破。经人引见，这位销售代表拜访了工厂的实验室和原料检验部门，结果发现了一些问题：现有供应商的产品不但存在批次间的规格差异，而且送货不及时，这已引起工厂质检生产部门的不满。掌握第一手资料的埃克森美孚销售代表拨通了代理商的电话，建议他们与工厂联系，检查是否有状况、客户是否满意。

代理商终于坐不住了。最后，埃克森美孚公司的产品成功打进了这家工厂。"除非你有特别的价格优势，"老练的销售代表说，"否则你必须在客户那里有朋友。这个朋友不是别人，就是正在使用你的竞争对手的产品并且发现问题最多的那些人和部门！"

显然，当客户说"不"的时候，不等于说这扇大门就关上了。如果能找到"不满者"，就有机会切入。客户不是一个人，采购人员说"不"，不代表所有人都满意现状，别忘了"客户的客户"。埃克森美孚案例中，工厂就是代理商的客户，而在一个工厂内部，市场、销售、生产、质检、研发、财务等部门（当然还有高层决策人员）都可能是采购部门的客户。找到他们当中的"不满者"并让他们有改变现状的需求，即意味着搞定了"客户的客户"，接着借力打力，再反转到那个说"不"的直接客户，订单就不那么遥不可及了。

这样的故事每天都在上演。20世纪末，传真机这一办公用品迅速普及，市场竞争已到白热化程度，销售人员往往失败多于成功。一家传真机制造商上市了一款中等价位的机器，瞄准中小型公司的总务部门，通常这类部门负责公司文件的收发。不幸的是，由于市场饱和，机器大同小异，销售人员一直打不开局面。就在其他人感觉无望之际，有一个销售代表却卖得特别火，业绩远在别人之上。公司管理者决定探个究竟，以便推广他的经验。

"你们要求把这款传真机卖给总务部门，但一开始我发现自己一无所获，因为大多数总务和文件收发部门很满意他们现在使用的机器。"这位销售代表解释说，"于是，我问自己，还有谁可能存在问题，而我们的传真机能够解决？我想到很多小公司在外地都有销售分支机构，这些机构大多只有两三个销售人员、一个秘书和一部电话，他们没有传真设备。所以我问了他们一些问题，诸如拿到一份从总部寄来的客户急要的文件要等多少时间，他们是否对这样的等待满意，客户又是否满意，等等。答案是否定的，而这些人以前还从未意识到一台传真机可以帮助他们解决这些问题。传真机此时已不仅仅是办公设备，更是一种销售工具！所以，我走到哪里，订单就跟到哪里。他们在这个问题上考虑越多，就越发对缺乏一台传真机而感到不满。"

这个销售代表的成功就在于善于发现新的不满人群。他意识到公司以总务部门为目标对象的市场策略存在问题，因为这样就接触不到不满者。与其他销售部门同事不同的是，当他们还在继续做着徒劳的努力时，这个销售代表已经直奔他能够发现和利用不满的那些人和部门。

另一个有趣的案例来自施乐公司。这次，是在"客户自己"层面做文章，但销售成功的原理是一样的，即不停留在产品本身"能做什么"，而着眼于产品"能解决客户的什么问题"，由此另辟蹊径。

◎ 案例 3-5　　施乐公司双面复印机销售案例

以创新为生命的施乐公司发明了世界上最早的能够双面复印的机器。复印从单面升级为双面，这是新机器的技术突破。真的这么简单吗？对于当时一个有经验的施乐销售代表而言，他想得更多。"这机器能解决的真正重要的问题不是复印技术。"他说，"比如，我有许多客户面临成本上升的问题，原因是去年邮政资费的突然上涨。就有这样一个客户每周要发出 5000 封直邮信函，邮政资费的上涨直接导致每月数千美元的额外开支。我告诉他们，如果实现纸的正反面印刷，就能把原来信函的页数减少一半，这样每封信的重量大大减轻，邮费就能省下来了。"

在这位销售代表眼里，双面复印机能解决客户的问题是抵消邮资的上涨，只需数月，客户用于购买复印机的钱就能从省下的邮资中赚回来。他的销售业绩在当时的施乐公司属第一阵营。

3.4.2　跟进，跟进，再跟进

一次无功而返就可以画上句号了吗？如果客户习惯性地说"不"，销售人员就需要创造机会持续跟进，用时间改变客户的习惯。在大客户销售中，很少有一次拜访就能拿到订单的。美国专业营销人协会的统计报告表明：只有2%的销售是在第一次接洽后完成的，3%的销售要在第一次跟踪后完成，5%的销售在第二次跟踪后，10%的销售在第三次跟踪后，而80%的销售是在第4～11次跟踪后完成的！

这里的关键是你是否懂得为自己设立务实的目标，取得销售进展。比如，邀请对方参加你的产品展示会，争取一次与客户内部决策者的会谈，请求客户提供背景资料作为初步设计方案的基础，等等。让客户同意和承诺履行你的一个行动建议，使销售向成交方向迈进一步，这便是进展。这个概念非常重要，许多不太成功的销售人员对诸如"收集客户信息""建立融洽关系"或"使买方说喜欢我们的产品"的目标很满意。这些目标并没有什么错，但不会产生能使销售向前推进的行为，一次见面过后可能就没了下文。因此，规划你的销售访谈很重要，成功的销售人员在前期准备阶段无一懈怠，永远在思考下一步该怎么做。客户是需要"粘"的。

在跟进过程中做建设性拜访很重要，这能赢得客户信任，更可以为自己赢得机会。中牧股份是国内最大的动物保健品生产企业，在一次课堂角色演练中，一个事业部的营销总经理亲自披挂上阵。热烈的气氛并没有随练习的结束而终止，总经理情不自禁地向在场学员讲述了20年前他在江西做销售代表时亲身经历的一件事。

◎ 案例3-6　　中牧股份养殖场大客户攻坚战

在江西一个县城，销售代表找到了当地最大的养殖户。因为是行业老大，老板架子也大，一概不见推销人员，并且还有一条多年不变的"戒律"：任何外人不准踏进他的养殖场半步。销售代表几番联系，得到的是一个典型的拒绝："我现在饲料用得很好，不需要你们的东西！"（一个"满意"的客户！）

销售代表没有放弃，接下来的几天，他在养殖场周边蹲守。就在沿着围墙兜圈子时，一个现象引起了他的注意：围场里的猪不停地叫，凭自己畜牧专业的背景，他断定这种叫声不正常。硬着头皮，销售代表再次找到了强势的场主，说出自己的想法和判断，建议进场察看。场主愣了一下，没有再说"不"。要知道，这正是多日来困扰他的一个难题，那些猪一个个病恹恹的，不见长膘。于是，厉行多年的制度第一次被打破，一个外人破天荒地走进了他的养殖场。

一番细查，销售代表发现问题可能出在饮水上。多数出水口被安装在狭窄的墙角，出墙面的距离很短，出水又慢，牲畜在饮水时得反扭着头，还喝不到多少，而一个圈里有上百头猪，为喝水挤作一团，互相踩踏，叫声不断，到头来有不少猪喝不上水。

销售代表把这些情况告诉了场主，并提出了改进建议，对方露出了笑容。半个月后，他拿到了养殖场的第一笔饲料订单。之后，这家养殖场成为他在江西最大的客户。

从案例中可以看出，机会也许是很偶然的东西，甚至游离于产品之外，但机会总是留给有准备的人，一旦抓住，就能在"满意"的客户身上找到突破口。销售的成败绝不只在技巧，态度和努力尤其重要，比如拜访量，一天拜访三个目标客户与三天拜访一个目标客户的销售代表，销售业绩不会一样，技能长进也不相同。销售除了动脑，"跑腿"更不能少，必须具备坚韧、耐心的品性。

因为客户"满意"而受阻，销售人员可能首先需要对自己的角色有一个再认识。比如要知道成功一定比别人更努力，不轻易相信客户的"不"，或学会寻找买方的关键角色。销售是与客户互惠互利和建立信任的过程，告诉客户一个成交理由，并将自己"卖"出去，才有可能成交。一位资深的销售人士总结了销售人员没有客户的八大原因。没有客户就意味着没有业绩，不管是什么原因导致业务员没有客户，都要一并查杀。

1. 手中拥有的潜在客户数量不多

原因是不知道去哪里开发潜在客户，或没有识别出谁是潜在客户，或干脆懒得开发潜在客户。这是一种慢性自杀，因为现有客户常以各种原因离你而去，如转产、倒闭或人事变动，通常每年以 15% ～ 25% 的速度递减。若干年后，销售人员手中的客户数量有可能为零。

2. 抱怨、借口特别多

业绩不佳的销售人员常把失败归结为客观原因，如条件、时机、关系，从未在主观方面检讨自己应承担的责任。他们的抱怨、借口多半是"这是我们公司的政策不对""我们公司的产品、服务、关系背景不如竞争对手""竞争对手的价格比我们的低"！

3. 依赖心理十分严重

总是对公司提出各种各样的要求，如提高底薪、增加差旅补贴，或要求政策倾斜，且经常拿别家公司做比较。相反，优秀的销售人员常问自己"我能够为公司做些什么""我能够为客户做些什么"，而不是一味要求公司或客户为自己提供什么、承诺什么。

4. 对销售工作没有认同和自豪感

优秀的销售人员为自己从事的事业而骄傲，并为之奋斗。他们对产品深信不疑，对公司充满敬意，对客户饱含激情。在一次次与客户的交往中定位给予而非索取，帮助客户解决问题和经营成功，以自身的热忱和活力感染别人，并有自我价值实现的成就感。

5. 不遵守诺言

一些销售人员虽然能说会道，但业绩不佳。他们的一个共同缺点是言而无信，没有责任感与执行力。与此形成对照的是，优秀的销售人员通常有六个特征，即关心客户、善于倾听、恪守承诺、解决问题、诚实以及积极主动，以此赢得客户的信赖和忠诚。

6. 容易与客户有矛盾

不遵守诺言的销售人员容易与客户发生摩擦，且采取一种无视和听之任之的态度。有问题不可怕，可怕的是有问题不解决。优秀的销售人员与客户之间也会出现问题，但他们总是能迅速、认真地争取解决，传达出积极的态度和善意，这样反而能获得顾客的青睐。

7. 半途而废

业绩不佳的销售人员容易气馁，他们不知道销售（尤其是基于解决方案的大客户、大项目销售）是一个长期的过程。客户说"不"是因为还未建立起信任，需要更多关于产品的信息，还未产生对改变现状的真正需要，或根本只是客户本能的反应，习惯性地拒绝。

8. 对客户关心不够

但凡销售做得好的人，都是有大爱的人。销售绝不只是精明甚至算计，而是怀着一个有益于客户的想法，做建设性拜访。好的销售说"您"字的频率远高于"我"字，始终关注客户，成为他们采购过程中的外脑与帮手，致力于问题解决，不管在企业层面还是个人层面。

面对"满意"的客户，上述 7 和 8 两条戒律尤为重要，凡事不能半途而废，销售是一个为客户服务和创造价值的过程，必须有关心与付出。

美国著名谈判研究专家、被《时代周刊》誉为"世界最杰出的谈判大师"的赫布·科恩在其《谈判天下》一书中有这样一段精彩的论述：

> 当你听到对方对你的某个提议回答"不"的时候，千万不要感到惊讶。回答"不"只是一种本能反应，并不是他真正的决定。拒绝提议的人显然需要时间考虑和评估你的建议，判断接受的可能性。但是随着时间的流逝和反复的提示，几乎所有的"不"都可以逐渐转换成"也许"，甚至"好，我接受"。如果你的时间允许对方充分理解你的提议，那么最终对方的态度往往会发生巨大的变化。
>
> 请记住，新的建议、提案被接受是一个缓慢的、渐进式的过程。要知道，试图改变他人的观点、思想、认同感以及期望

值时，一定不可操之过急。大多数人都有安于现状的倾向，新理论、新思想常常令人难以接受，只有时间能改变他们的观念。

美国民众对尼克松总统的弹劾案就是一个典型的例子。当这份提案第一次被提出时，一份有1600人参加的民意调查显示，约90%的人提出反对，理由是"以前从未听说过弹劾总统这种事""这样做会削弱总统的权威""为什么要这么做？这会对下一任总统产生直接的负面影响"。

3个月后，这1600人又接受了一次民意测验，反对的比率降到80%。再过了几个月，降到68%，而在一年内降到40%。为什么这些人会改变想法？这有两个理由：第一，他们获知了更多的信息；第二，他们逐渐熟悉和习惯了原本陌生的提案。

3.4.3 没有卖点，创造卖点

客户满意现状，一个原因是看不到下一个供应商的不同之处或者说卖点。事实上，企业之间、产品之间不可能一模一样，关键在于如何让客户看到差别，或利用自己哪怕微不足道的不同来呈现乃至创造卖点。

有头脑的商家似乎永远不缺"卖点"，总能找到办法使自己"与众不同"，在产品同质化的竞争中游刃有余。当年中国建设银行的龙卡汽车卡（龙卡信用卡的一种）便是一例。

接过精美的龙卡汽车卡用户手册一看就能明白：凭这张卡，车主（卡主）能享受一系列增值服务，包括免费洗车、加油优惠、积分换油、团购车险、免费代办年检、道路紧急救援、赠送高额保险等。这些项目可谓对症下药，比如代办年检，对于在乎时间和效率的商务人士可谓雪中送炭。去车管所待半天就为了验车，行吗？看冷脸不说，光繁杂的手续和长时期的等待就让人伤不起。

不管怎么说，建设银行是要为这些增值服务付出代价的，200元的年费不足以抵扣这些服务的支出，难道亏了不成？答案当然是否定的。比如说免费洗车，享有此项服务的前提是刷卡满3000元，刷卡的手续费就流入银行，更别提信用卡为银行带来的其他业务贡献了。

当时每家银行都在兜售信用卡，都在吆喝透支免息的标语，消费者已近乎麻木，因为产品同质化。这时候谁能多一点儿创意，就能多赢得一批客户，而创意的根本在于客户需求：什么是他们最在乎的？如何把他们的需求做进产品？销售不只是"卖"，更是一个发现、发掘、引导和满足客户需求的过程。

龙卡汽车卡用户手册的卷首语写道："在国内首推的 Life Style 概念信用卡……是中国建设银行为私家车主度身定制的一张信用卡，让您尊享多项汽车专业增值服务。"相信建设银行不大可能推出"龙卡自行车卡"，因为骑车的人大多不如开车的人消费能力强。这便是银行的市场细分——牢牢抓住"对"的客户，并培养他们的忠诚度。

龙卡汽车卡为当时的建设银行带来了可观的利润，而这仅仅是建设银行众多特色信用卡中的一种，此外还有龙卡名校卡、龙卡商务卡、东航龙卡、上海大众龙卡、龙卡香港精彩旅游信用卡、龙卡（大师杯）网球卡、艺龙畅行龙卡、芒果旅行龙卡，等等。可以想象，每一张卡片背后是一大群忠诚且经济条件较好的刷卡族，为建行业绩增长注入动力。

如今，这些手段已在银行普及，早已不是卖点，然而营销的思路不会过时，抓住客户需求，商家在不同时代可以创造不同的卖点，赢得自己的市场。

无独有偶，山工机械是国内著名的装载机生产厂家，面对市场的同质化竞争，他们创造出了属于自己的卖点。

国内装载机市场竞争异常激烈，这表现在：一是经营分散，生产企业已经超过 100 家，每年市场需求总量仅为 3 万台，平摊到每家企业只有区区 300 台，没有规模效益；二是产品没有核心技术，同质化严重；三是价格竞争占据主导，厂家为了生存，或挑起或被迫拖进价格竞争的泥潭不能自拔。

山工机械却反其道而行之，做差异化营销——通过产品差异化打进市场，渠道差异化扩大市场，服务差异化巩固市场，价格不降反升，最后一举成功。

　　就产品差异化而言，在没有掌握核心技术与关键部件的情况下，能否与竞争对手在产品上拉开差距呢？客户导向的经营理念使山工机械看到了机会。有煤场用户反映山工装载机的动力比其他品牌同等配置的装载机要大不少，如果能换上一个容量更大的铲斗，一次可以装载更多的煤，将极大地提高作业效率。

　　山工机械研发部门组织人员，根据客户意见，很快就开发出了第一个差异化的产品"装煤王"，投入市场后，受到客户的欢迎。

　　"装煤王"不仅迅速打开了市场，而且使山工机械找到了实现产品差异化的思路，即产品差异化的形式有多种，技术创新或与众不同是一种选择，而比竞争对手领先一步发现和满足客户某特定的需求也可以成就产品的"卖点"，比如一个容量更大的铲斗。对非技术领先型企业而言，可以从客户的需求差异化寻找产品差异化的突破口，进而做出科学的市场细分。

　　明确思路后，山工立足客户的需求差异，在很短的时间内先后开发出适合不同施工条件的"岩石王""掘土王""装砂王""高原王""高卸王"等系列产品。其中，ZL50F"岩石王"因其力大耐磨而成为石料场、采矿场等用户首选的产品。很快，这些有个性的系列产品占其年销售额的40%左右。

　　差异化营销的核心思想是在市场细分的基础上，针对目标客户的个性化需求，建立产品的核心竞争优势。其关键在于如何比竞争对手更早地发现客户的潜在需求，并把需求做进产品或与产品联系起来，形成卖点，做到"人无我有、人有我优、人优我精、人精我专"。这个世界并不缺少美，而是缺少美的发现，解决方案式销售则是一条发现美的路径。

　　立邦涂料是行业翘楚。在为立邦做销售培训的数年中，总有一些案例在印证"美的发现"有多重要。

◎ 案例 3-7　　　　立邦涂料的发现之旅

　　项目为5A级智能写字楼。销售人员通过现场陌生拜访，得知楼盘外墙面积 10 万平方米，体系为平涂岩彩，共计 20 层，正在打桩阶段。销售代表通过总包方拿到甲方的联系方式，随即进行拜访。

甲方工程部：从工程部经理处得知，该项目将于三个月后进行统一招标，在招标前必须确认样板、工艺及报价。

甲方设计部：了解到该体系为仿英国棕石材，设计部提供了石材样品，要求制作手提样板确认，最终效果由甲方项目总负责人确认。

甲方成本部：得知招标规则为最低价中标，且整体预算有限（在 100 元 / ㎡内）。立邦涂料定位高端，不具备竞争优势。

两周后，样板制作完毕，送达设计部并提交项目总负责人确认。在会晤中，销售人员准备充分地做了体系工艺讲解以及样板项目推荐，并热情邀请总负责人到项目现场和立邦公司考察，得到初步认可。

随着走访的深入，工程部经理透露该楼盘外粉采用粗砂，但墙面平整度很难达到高级抹灰要求。这是一个机会！回公司后销售人员立即与主管商议，鉴于外墙平整度差，平涂岩彩大面积施工难以达到预期效果，决定向甲方推荐真石岩彩体系，并做推荐说明。

再次约见项目总负责人后，告知真石岩彩既有石材的质感，又能达到彩点效果，只是造价略高于平涂岩彩，但相较于干挂石材来说，成本大为降低，而且对提升建筑整体档次有极大的帮助。客户表示愿意考察相同体系的项目，对立邦提出的专业化建议释放出了认同的信号。

在最短时间内，立邦销售人员将新制作的真石岩彩样板送达。客户认可质感和彩点，但担心大面积施工难以达到同样的效果。立邦借机促成总负责人及其团队到已完工的相同体系的项目进行考察。立邦对施工管理流程、质量管控流程、售后服务流程做了全方位的讲解和展示，给客户留下了深刻的印象，临走时表示相信立邦有能力施工好该项目。

随后，销售人员结合自身成本及市场行情对该项目进行报价，并制作标书准备投标。投标前，立邦再次与总负责人沟通，进行成本分析及说明，细化每一步费用产生的出处，并对立邦价格偏高的原因做出解释，提出合理价中标的建议。

至此，项目出现关键转机。经过综合考虑，客户决定将招标规则由最低价中标改为合理低价中标。招标会当天现场，立邦代表对施工计划、产品体系、质量监控等多个关键环节逐一论述，最终由客户总负责人牵头，会同工程部、设计部、成本部等项目成员统一讨论，确认立邦中标。

从"找到客户内部的不满者"，到"跟进，跟进，再跟进"，直至"没有卖点，创造卖点"，三大策略和技巧的运用在立邦的这个项目中得到了集中展现，也很好地回答了遭遇"满意"的客户时，销售该做什么。一个"粘"字或许可以找到答案，除了创造持续跟进的机会，"粘"也体现了客户关系发展的四个阶段——接受、信任、信赖和联盟。让客户接受是建立关系的基础，需要你的亲和力和职业素养。信任是获取生意的前提，需要你的坦诚、专业能力以及对客户业务的深入了解。从信任到信赖，则是你与客户建立联盟伙伴关系的基石，这表现在及时解决客户的问题，用心帮助客户发展，提供附加服务等。顺着这条路走，时间会证明你的成功。

原来，"粘"字只是时间的代名词而已。多与客户在一起，日久生"情"，他们会因感动而心动。明白这个过程，或许就能明白当产品没有卖点时自己应该做些什么、抱有何种心态。这里包含的不仅是技巧，更是一种意识、信心和意志力。

第 4 章

产品方案呈现

> 目标客户与现有供应商合作多年，产品、服务及人际关系都挺好。现在你去了，告诉对方你能做得一样好（而且真能做到），希望客户选择你，可能吗？当然不可能。不是你不如竞争对手，也不是客户想为难你，只是因为对方不想为了成全你而折腾自己。

4.1 客户到底买什么

杰弗里·吉特默在其《销售圣经》中有段经典的话："给我一个理由，告诉我为什么你的产品或服务再适合我不过了。如果你所销售的产品或服务正是我所需要的，那么在购买前，我必须先清楚它能够为我带来的好处。"什么是"好处"呢？在培训课堂上，我常会讲到这样一个故事。

4.1.1 李子是甜的好，还是酸的好

一条街上有三家水果店。一天，有位女士来买李子，走进第一家店问："这儿有李子卖吗？"店主马上迎上前说："有有，我这儿的李子又大又甜，刚进的货，新鲜得很呢！"没想到女士听罢摇摇头，扭身就走。店主很纳闷：奇怪，我哪里得罪这位顾客了？

女士走进第二家水果店。店主迎上前，听说顾客要买李子，马上说："快进来，我这里的李子可多了，有大的有小的，有甜的有酸的，您要哪一种？""酸的。"女士回答，并愉快地付了钱，拎着一袋又酸有涩的李子走了。

过了几天，女士又来买李子了。第三家水果店的店主看到了，主动把女士请进了店里，问："女士，您是来买李子吧，我见过您，还买酸的吗？我这儿的李子够酸，您要多少？"女士愉快地准备掏钱，一切和上次情形相仿。可就在女士想埋单走人时，店主有意搭讪道："一般人都喜欢甜的李子，您为什么要买酸的呢？"女士高兴地回答说："儿媳妇怀上啦，想吃酸的，我特意为她买的！""恭喜恭喜！"店主赶紧笑着道贺："儿媳有您这样的婆婆真是福气！不过孕期的营养很关键，李子只是满足口味，要抱一个又白又胖的宝宝，还得多补充维生素啊。您看，这猕猴桃是维生素最丰富的水果，要不选几个？"

结果，女士不仅买了李子，还拎了一袋进口的猕猴桃，以后更成了这家店的常客。

女士到底买什么？不是买李子，而是抱孙子！也就是说，客户买的不是产品本身，而是通过产品想要得到的一种结果，满足购买行为背后的真实动机。现在明白了，杰弗里·吉特默所说的"好处"，就是客户希望通过产品得到的一种结果。又如夫妻俩逛商场，妻子看中一套高档餐具，坚持要买，丈夫嫌贵不肯掏钱。导购一看，悄悄对丈夫说了句话，丈夫一听立马埋单了。是什么理由让这位先生转变的呢？导购员对丈夫是这样说的："这么贵的餐具，你太太是不会舍得让你洗碗的。"答案：丈夫买的不是餐具（产品），而是轻松（结果）。

一个寻常的"买"字背后实则气象万千。女士要的是抱孙子，丈夫要的是不洗碗。回顾前面章节的久保田案例，张宏买的是挖掘机，但真正希望得到的是市场机会、竞争优势和运营效率等。显然，在交易过程中产品多半只是载体，客户真正买的是产品背后的这些结果，或称为"利益"，与当初客户的需求（购买动机）相连。把这一结论做成理论模型的就是FABE法则，它告诉销售人员如何做好产品推介。

4.1.2　FABE 法则深度解析

FABE 法则在销售圈可谓耳熟能详。F(Feature）是产品特征，即属性，说明"它是什么"；A（Advantage）是产品优点，即功效，说明"它做什么"；B（Benefit）是产品利益，即带给客户的好处，说明"如何满足客户需求"；E（Evidence）是证明，即提供实证，激发客户购买欲望。FABE 法则书写这样一个真理：客户买的不是产品本身的特征或优点，而是产品带给他们的用来满足他们需求的利益。

销售人员在推介产品时应落脚在 B（即利益）上，这才是客户想得到的东西。要做到对症下药，前期的需求调查阶段十分关键。一旦洞悉客户的利益诉求，销售就能够让产品说话，知道从产品的哪个方面呈现特定的客户想要的结果。

前些年我为中国联通授课，有这样一个案例。某快递公司下辖 100 多个快递员，给每人补贴话费 50 元/月，一笔不小的开支。为争取到这个目标客户，联通打出了"G39 后付费套餐"和"集团客户移网 VPN"两项产品，以期通过降低客户通信成本促成合作，但失败了。用 FABE 法则分析能够找出答案。

特征（F）　➡	优点（A）　➡	利益（B）
·集团客户移网 VPN	·群内通话免费	·无（快递员间无须通话）
·G39 后付费套餐	·被叫免单	·无（快递电话多为主叫）

既然无法省钱，利益为零，客户一定不会购买。有意思的是，数日后当联通的销售人员面对一家房产中介公司并同样打出了这两项产品，却一举成功。原因很简单，中介各门店的业务员间通话频繁，电话有主叫也有被叫，联通的产品方案确实能为他们省一笔钱。一样的套餐，不一样的结果，说明了客户到底买什么——不是套餐本身，而是省钱这个结果，即产品利益。利益有则买，没有则不买，与产品无关。因此，FABE 法则反过来也为如何定位目标客户提供了方向——找到这些利益可惠及的更多潜在买家，比如，联通后来凭借这一组合套餐，在房产中介行业做得顺风顺水。

关于特征、优点、利益的陈述在销售过程中对买方的影响，著名的美国销售研究机构 Huthwaite 在广泛的市场调研后有如下结论（见表 4-1）。

表　4-1

特征（F）	在销售早期对买方有消极影响，后期则几乎没有影响 在销售中期对复杂技术产品的销售有一定积极影响
优点（A）	在销售早期对买方有轻微正面影响，后期与特征相当 在销售中期随着销售推进，对买方的影响逐渐减少
利益（B）	在任何规模、任何周期的销售中都有正面影响 尤其当由买方陈述利益时，影响力更大

FAB 影响图解能更直观地描述特征、优点、利益对买方的影响（见图 4-1）。

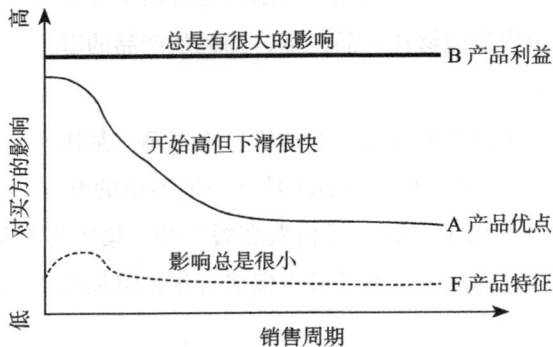

图 4-1　FAB 图解

无线商话（或称无线座机）一度是通信行业的明星产品，有着座机外形，实为无线手机（当然还有诸多附加功能）。采用无线商话的好处在于节省电话线路铺设的成本以及使用灵活。比如 2008 年北京奥运会，在各处场馆需要大量临时通信终端，导入无线商话就解决了大量的一次性投资。M 公司曾是这个行业的翘楚，在中国移动的一个无线商话项目中，经历了产品利益从无到有的转变，赢得订单。

◎ 案例 4-1　　M 公司中国移动无线商话项目

项目背景

M 公司多年来一直是 B 市移动公司无线商话的主要供货商。由于上一年 B 市移动公司的市场部门大换血，且 M 公司销售人员也在更换，导致客户关系严重削弱，市场信息缺乏。

年初，竞争对手乘虚而入，以低于 M 公司 1/4 的价格进入市场，并提供大量备机。移动的新决策层知道该供应商的产品质量不是很好，但考虑到价格低且一有坏机即可更换，认为对市场影响不大，决定让该公司取代 M 公司供货。

6 月，竞争对手向 B 市移动公司推出了以旧换新的方案，以期增加销量。超过保修期的无线座机不管是哪家供货商的产品都可以更换。B 市移动按采购价采购，以此增强市场保有率。

方案错位

11 月，M 公司指派专人负责 B 市移动公司的业务，并一一走访移动各级主管，了解到了上述信息，决定向移动推荐 M 公司的"以旧换新"方案。原因主要有两个：

（1）从移动公司售后部门了解到，目前该市的过保商话大都属 M 公司提供的话机，可名正言顺地向移动建议以旧换新的方案。

（2）竞争对手以旧换新方案在宣传手段、推广力度上不够，很多用户不知道这个信息，而 M 公司有一套切实可行的营销方案，可以扩大信息的传播。

让人意外的是，M 公司推出此方案后，对方反应冷淡。原因是市场保有率虽是移动绩效考核之一，但现在只占很小一部分。竞争对手的价格很低，对移动来说以较低成本就能启动以旧换新的项目。

需求分析

在与所属的县移动公司终端负责人的沟通中，M 公司了解到 11 月前移动业务指标完成不理想，年底必须大幅提高销量，否则完不成全年任务。销量滞后有如下主要原因：

（1）无线座机经历了几年的发展，市场已趋于饱和，关键是如何将现有客户做大。

（2）机型变化不大，缺少对终端客户的吸引力。

（3）竞争对手产品质量差，虽能保证及时换机，但一开机就有问题，造成负面印象，最终影响移动公司的业务收入。

（4）资费套餐没有竞争力，B市移动市场部经理正在做调研，意图调整资费套餐。

利益呈现

B市移动公司年底必须大幅提高销量已是不争的事实。M公司决定把切入点放在如何帮助移动完成销售业绩上，这才是客户此时最需要的。针对上述问题，M公司给出了一个极具针对性的新方案。

（1）向B市移动有关人员提供其他地市移动公司成功的资费套餐方案做参考。

（2）提供手持机型，提高客户的吸引力。

（3）提供产品测试，让移动新决策者了解M公司的产品质量，打消疑虑。

（4）适当降低价格，由于M公司与竞品价格相差太大，若不降低价格移动很难采购。

结果： B市移动公司在11中旬先向M公司采购小批量的手持机，投放市场。有合理的资费套餐、新的产品机型，该批货投入市场几天后就销售一空。11月底开始下大量订单，12月底M公司的市场份额回升至70%。

4.2 "3+5" 利益法则

最传统的销售理论都会谈及FABE，这早已不是什么新发现。如果关于解决方案式销售的论述仅止步于FABE的概念层面，未免太过疏浅。谁都知道产品说明的"三段论"即"它是什么（特征），所以能做什么（优点），因而可以带来什么（利益）"，然而无线商话这样的每天都在发生的案例已经表明，利益的呈现绝非只是玩弄话术，而是提供一种解决方案，帮助客户达成既定目标。

那么，客户在购买中希望得到的利益到底是什么？换言之，是哪些利益因素在驱动客户买或者不买？我们需要对这一命题做出系统、完整的总结。如此，才有可能梳理和准确判断客户买或者不买行为背后的动机，找到一面透析客户的镜子，也照亮自己的前进之路，能够发现机会或规避错误，最终提高订单赢率。

基于对客户需求与购买行为已有的深度分析，以解决方案式销售的视角，可以给"利益是什么"一个完整的答案——"3+5"利益法则，即3种企业利益和5种个人利益。

4.2.1 企业的3个利益诉求

如前所述，客户需求在于其最关注的3类人——客户的客户、客户的对手、客户自己。销售就是在这3个领域内发现客户可能有的问题、困难、不满，进而提供解决方案，帮助客户达成既定目标。所以，客户最终购买的不是产品，而是在这3个领域内希望得到的某一特定的结果。

企业利益1：搞定自己的客户

如何获取自己的市场开发机会，提高销售额，增加利润率，提升他们客户的满意度或忠诚度，等等。在久保田案例中，手头并不宽裕的张宏之所以选择昂贵的久保田，是因为能够在第一时间做出精准的市场细分，找到属于自己的客户群，获得工程和第一桶金的机会，这对客户而言是至关重要的。也就是说，客户需要搞定自己的客户，选择久保田后得到的是不可多得的市场机会。

客户愿意让你挣钱，是因为他们相信你能帮他们挣钱（或者省钱）。前述案例中的那家台湾小型添加剂公司能在短短几年内挤进竞争激烈的大陆食品生产市场，是因为客户（食品生产企业）可以借助这家供应商的资源，尽快上市新品，攻城略地，赢得更多他们自己的客户。

企业利益2：搞定自己的对手

如何确立竞争优势，走差异化路线，做创新的产品，巩固或提高自己的市场地位、行业排名，等等。久保田能够胜出，在于使客户有了差异化的竞争优势，锁定对手。台湾小型添加剂公司能够胜出，在于国内食品市场同质化严重，新产品开发成为决胜关键，客户（食品生产企业）需要与众不同，选择这家台湾小型添加剂公司，能够在红海中看到蓝海，领先他们的对手。

前述福田电器的案例讨论同样印证了这一利益诉求。它们重点关注客户（经销商）在售产品的品种分布（产品线问题）、换代周期（创新性问题）、功能设计（差异化问题），以及相对于周边地区商户还存在哪些短板（竞争力问题）等，并通过市场走访逐一检视或找出客户在这些方面的竞争形势及挑战，对症下药提供相关的产品或技术资源，帮助客户巩固或提高在当地的市场地位。经销商选择福田，其实在为自己购买竞争资源。

企业利益 3：搞定自己的企业

客户的利益诉求是如何做到运营成本或风险的控制，交期保障，产品性能优化，新品研发，供应商的服务支持、响应时间，等等。前述案例中的 ATM 制造商广电运通在开发一个新的建设银行客户中，利用其行业资源，帮助银行完成了涉及电子银行的一系列服务规程的拟定，甚至提供了网点布局和施工设计的建议方案。这些看似与 ATM 无关的举动决定了客户订单的最后归属。客户买的不是 ATM，而是供应商的服务与支持，目的在于尽快让电子银行运转起来。

无数成功的交易都在印证同一个理由——客户通过购买产品或服务"搞定自己的企业"。前述腾讯公司帮助中通速递开发手机 QQ 公众号项目便是一例。中通速递主要服务终端个人用户，当时已承受运营成本大幅提升的压力，比如：

（1）尽管微信和支付宝提供了服务信息的发送功能，但使用前提是用户必须已关注其公众号，这造成了大量未关注用户的服务空窗和粘性降低。

（2）物流信息轨迹的发送形成巨额的短信成本负担。

（3）订单管理、投诉管理等都需要大量的电话客户服务，因而造成了巨额通信成本负担；当客服繁忙时，用户体验不佳，缺少用户关怀造成客户流失。

（4）在控制成本的同时，中通速递也希望借助更大的平台导流，吸引用户下单，促进业务成交。

腾讯在理清上述问题后，基于手机 QQ 公众号的功能，有针对性地提出了如下解决方案：

（1）只需提供寄件人和收件人的手机号码，即可通过手机 QQ 为其发送物流跟踪信息，即使用户并没有关注该公众号，增加用户粘性。

（2）通过手机 QQ 承载原短信运营商的信息发送业务，大幅降低商户成本。

（3）借助 QQ 强大的语音功能，连接中通的客服系统，为其和用户之间搭建互联网的通信桥梁，大幅降低通信成本；当客服电话显示时，会即时推送关怀短信。

（4）提供同城服务平台：为手机 QQ 用户提供服务的同时，也为中通速递增加引入客流的机会。

至于本章列举的中国移动无线商话项目，供应商最后把切入点放在如何帮助当地的移动公司完成销售业绩上，正是对接了客户的利益诉求。无论是获取其他地市移动公司成功的资费套餐方案，还是上架新的手持机型，都在为一个结果服务——完成年度业绩指标。

4.2.2 个人的 5 个利益诉求

关于客户买或不买的分析至此，一直停留在企业或组织层面，似乎只要对企业或组织有利益就买，无利益则不买。真是这样吗？答案当然是否定的。对客户需求及产品利益的分析如果忽略个人因素，是毫无意义的，至少是片面和天真的。一个极端的假设，如果客户对销售人员个人抵触甚至厌恶，即使产品方案能帮助企业搞定自己的客户、对手或运营问题，客户会埋单吗？只能是拒绝。反之，如果客户与销售人员亲密无间、情同手足，产品方案是否对企业有利还那么重要吗？爱屋及乌，客户可能因为喜欢你而接受你的产品，与产品本身无关。"卖产品前先卖自己"，讲的就是这个道理。

如《销售圣经》作者杰弗里·吉特默所言，客户心里想的是，"不要一开口就是推销员的腔调，你要表现得像朋友——一位试图向我提供帮助的朋友"，或者"让我笑，让我有好的心情，才有可能购买；让我笑意味着我对你表示同意，而你需要我的同意才能够完成交易"。

不过，如果把个人利益等同于个人好恶问题，未免有些狭隘与浅薄了。国内知名光缆制造商特发光网锁定了东北某省的一个电力单位，只是客户使用现有供应商的 OPGW 光缆多年，无论运行情况还是建设成本都没有不满意之处，没有理由更换。如何切入？在与科技处交往的过程中，销售人员了解到，现有 OPGW 光缆确实表现过硬，但由于处长在科技处任职，工作职责之一是定期上一些科技项目，实验新产品。以此为突破口，销售人员在跟进中向处长详述 OPPC 光缆的特点，提出合作举办一次技术交流会，借此促发客户的关注与需求，最终目的是能够在试点工程上运行 OPPC 光缆，帮助处长完成科技创新，写好年终总结。结果，光缆技术交流会成功举办，并且协助客户起草了后期所有的 OPPC 招标文件，大幕即将拉开。

在给一家世界知名制药企业授课时，学员的一个新药推广案例也颇耐人寻味。医院科室主任对新药很认可，但担心治好患者是医师应尽的本分，而万一治不好则是医疗事故。了解到该主任这两年有论文发表计划，医药代表建议可以对使用新药的患者进行长期跟踪并作为论文的使用病例，相信这在国内是领先的，论文有亮点和高度，更重要的是今后对提高这类病人的治愈率有帮助。

两个案例都在为客户创造个人利益，但绝不只是关系好恶层面，而是与工作业绩、职业发展等有关的更高追求，用马斯洛的需求层级理论来定义，便是"尊重需求"和"自我实现需求"。

4.3　个人利益深度分析

现在是对"3+5"利益法则中客户的个人利益诉求做出全面审视的时候了，马斯洛需求层级理论无疑搭建了一个精准、系统的发现平台。

马斯洛出生于美国，1926年考入康乃尔大学，3年后转至威斯康星大学攻读心理学并在1934年获得博士学位。第二次世界大战后，马斯洛转到布兰迪斯大学任心理学教授兼系主任，开始对健康人格或自我实现者的心理特征进行研究。1951年被聘为布兰迪斯大学心理学教授兼系主任，1969年离任并于翌年去世。马斯洛一生中陆续出版了《动机与人格》《存在心理学探索》《宗教、价值观和高峰体验》《科学心理学》《人性能达的境界》《人的动机理论》等著作，需求层次理论便出自《人的动机理论》一书，影响深远。

马斯洛把需求分成生理需求、安全需求、社交需求、尊重需求和自我实现需求5类，依次由较低层级到较高层级排列（见图4-2）。在自我实现需求后，还有自我超越需求（Self-Transcendence Needs），但通常不作为必要的层级，通常会将自我超越需求合并入自我实现需求。5个需求层级具体如下：

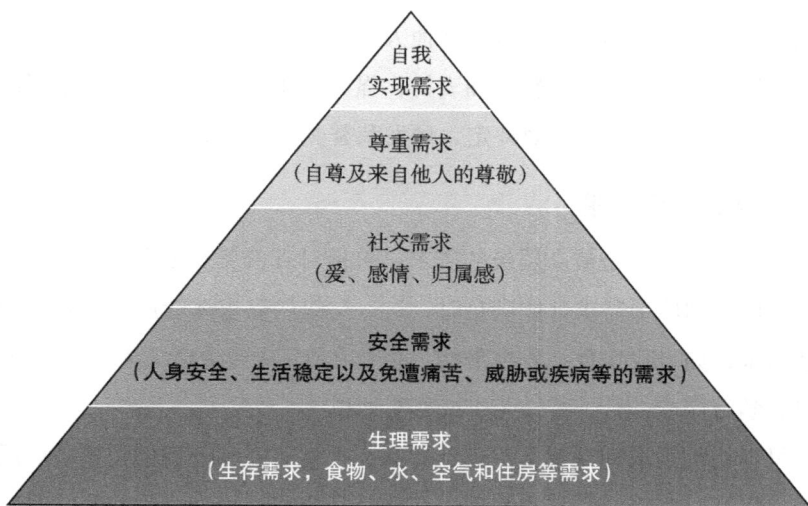

图4-2　马斯洛需求层级理论

1. 生理需求

生理需求是级别最低的需求，如食物、水、空气、性欲、健康。对企业管理而言，满足生理需求的激励措施包括增加工资、改善劳动条件、提供良好的工作环境、给予必需的休息时间、提高福利待遇，等等。

2. 安全需求

安全需求是较低级别的需求，如人身安全、生活稳定以及免遭痛苦、威胁或疾病。满足安全需求的激励措施包括企业合规经营，签订劳动合同，提供医疗、失业、养老等保险及职业保障，企业制度健全、管理公正，岗位职责明确、工作有序。

3. 社交需求

社交需求是较高层级的需求，如对友谊、爱情以及隶属关系的需求。激励措施包括提供同事间社交往来机会，支持与赞许员工寻找及建立和谐温馨的人际关系，开展有组织的体育比赛和集体聚会，等等。

4. 尊重需求

尊重需求是更高层级的需求，如绩效、声誉、地位和晋升机会等，它既包括对自我绩效的获得，也包括他人对自己的认可与尊重。企业在这一层级的激励措施包括公开奖励和表扬，强调工作任务的重大及对组织的贡献，倾听和鼓励参与，绩效评定，颁发荣誉奖章，等等。

5. 自我实现需求

自我实现需求是最高层级的需求，包括对真善美及至高人生境界的追求。当前面的四项需求都能满足时，这一层级的需求才能产生，是一种衍生性需求，如自我实现、发挥潜能。企业在这一层级的激励措施可以考虑授权、学习深造、给予特殊荣誉或尊享地位。

马斯洛的需求理论意义深远，尤其在人文研究和管理学领域被广泛应用。销售是对客户的研究与管理，在分析客户购买行为背后的利益驱动方面，我们同样可以导入这一理论体系，以销售的视角逐一找出 5 个层级中客户可能关注的个人利益或者抱有的动机，为接下来产品方案的有效呈现指明方向，说对话，做对事。这 5 项个人利益与已归纳的 3 项企业利益构成了完整的"3+5"利益法则，涵盖客户几乎所有买或不买的理由。

4.3.1 生理：个人习性、工作便利……

决定买与不买的动机包括个人习性、工作便利、商业潜规则，以及对地域、年龄、性别等因素的考虑。

"物以类聚，人以群分""道不同，不相为谋"等都在印证"性相近，习相远"的道理。客户总是愿意与自己习性相近的人在一起，因而找到对方的关注点、兴趣点，与客户在同一频道说话，第一时间获得好感，建立信任，销售才有下文。

卡耐基是美国现代成人教育之父、西方现代人际关系教育研究的奠基人，被誉为 20 世纪最伟大的心灵导师和成功学者。1936 年卡耐基出版了著名的《人性的弱点》（*How to Win Friends and Influence People*）一书，近一个世纪以来被西方社会视为人际关系圣经，英文版原著发行超过1500 万册，全球销量比肩《圣经》。在书中，卡耐基论述了"获得他人好感的六种方法"，堪称经典，同样可以指导销售如何做到性相近，习也相近。

- 对他人真的感兴趣。

  （Become genuinely interested in other people.）

- 微笑。

  （Smile.）

- 所有语言中最甜蜜、最重要的声音，就是当一个人听到自己的名字。

  （A person's name is to that person the sweetest and most important sound.）

- 做一个优秀的听众，鼓励对方谈论他自己。

  （Be a good listener. Encourage others to talk about themselves.）

- 谈对方感兴趣的话题。

  （Talk in terms of the other person's interests.）

- 让对方感觉自己很重要，并且你是真诚地这样做。

  （Make the other person feel important and do it sincerely.）

工作便利也是客户决定购买背后的驱动因素之一。不管做不做得到，很多企业标榜为客户提供"一站式服务"，就是想在省时、省力、省心的客户工作便利上做文章，找到利益点。在给南京邮政储蓄银行讲课时就有这样一个学员案例分享：某路灯工程公司与一大型银行已合作多年，服务、关系都挺满意，没有在邮政储蓄银行开设新账户的想法。经验丰富的邮政储蓄银行业务主任经过实地走访，发现该银行离客户公司路程较远，往返不便，而且公司财物人员在银行办理业务时排队等候时间较长。最后，邮政储蓄银行以网点近、业务办理时间短的优势赢得了该客户，在邮政储蓄银行开设对公账户，很快账面资金日均余额达到 3000 万元。

商业潜规则以及地域、年龄、性别等因素对客户的购买决定也有或多或少的影响。只要稍加留意，你会发现身边很多订单的成败都与这些"细节"有关。

◎ 案例 4-2　　　保鸿涂料大客户开发案例

保鸿涂料是广东的一家车用油漆生产商，负责华东区的销售人员把目标锁定在了上海川沙的一家大型汽车修理厂，老板姓孙。

访谈开始不久，客户就拒绝了："你们太远，又不怎么有名，我们在本地有供应商。"就在这时，老板的小孩跑了出来。男孩六七岁，长得挺机灵，销售人员看到后着实夸奖了一番。望子成龙的老板夫妇听罢甚欢，开始与来访者闲聊起来。对话中，销售人员得知对方为山东人，是从山村里走出来的老板，盛赞不已，并告知自己也是山东人。

席间，老板接到一个订单，要求用集装箱车发货。听得出车属他本人，说明实力不凡。再询问，老板 1994 年来上海打拼，历经 8 年方有今天成就。销售人员遂夸奖："孙老板，您把川沙的汽车修理都垄断了，了不起，向您学习！"

这句话让夫妇俩话题多了起来。面对眼前这个对自己敬仰不已的小老乡，两人轮番将 8 年的沧桑娓娓道来。前后两三个小时，销售人员只字未提油漆，就两个字——倾听。

最后，起身离开前，销售人员只说了一句话："孙总，我留给您一份报价单。我就是8年前的您啊！"结果，孙老板成了保鸿涂料当地最大的客户之一。

4.3.2　安全：采购有风险，交易需谨慎……

采购有风险，交易需谨慎，只有对供应商有足够的信任时，客户才会埋单。太多的客户说不，不是因为供应商不好，而是因为客户看不到供应商的好。

即使经过慎重比较，选择了自认为最好的供应商或产品，客户在下单的最后一刻仍可能因害怕买错而却步。杰弗里·吉特默在《销售圣经》一书中论及"客户希望得到怎样的对待"时，用一段话描绘了客户的心声："肯定我的选择。我可能会担心做出错误的选择。请告诉我一些事实来证明产品会对我有好处，以便我购买时会有更坚定的信心。"

深圳雷曼光电是中国LED产品的主流供应商，致力于高品级的LED技术与产品的研发、制造、应用和服务，销售网络覆盖全球近100个国家或地区。即使面对这样一个品牌企业，客户在采购时还是会很小心地问一些"求安慰"的问题，诸如"你们这是一款新出来的产品，会不会有质量问题""如果像你们介绍的那样不需要采用面罩，屏幕会不会很花，显示效果不好""亮度这么高，如果用在高清显示屏上面，会不会存在散热问题"。如果销售人员对这些疑虑不做有效回应，结果可想而知。因此在企业的销售课上，如何审慎处理客户的采购风险心理，也是学习的重点之一，这与产品本身是否优秀无关。

有意思的是，作为销售入门课程的"专业销售技巧"（Professional Selling Skills）在销售流程的最后一环"缔结"阶段，也考虑到了客户的"不安全感"，并给出应对之策（三步法）。

（1）使客户确信，他做了一个英明的决策：**"我替您感到高兴，这款产品非常适合您！"**

（2）告诉客户，你很感谢并看重这笔业务：**"非常感谢您对我们产品的信任！"**

（3）安排好后续事项，使客户专注于交接工作，而不是刚才的决策：**"我会确保在周一上午 10 点送货！"**

当然，疏重于堵，建立客户的安全感，关键还在于用事实说话，或创造客户体验。前述 FABE 法则中的 E 即为证明，即提供实证，树立客户购买信心并激发欲望。在证明方面做到位，就能解决客户购买中安全层面的问题。在给光大银行授课时，发现它们就有一套证明的招数（见表 4-2）。

表 4-2　产品利益证明

证明对象	证明方式	证明内容	举　例
产品信赖度	经典案例客户名录	用成功案例来证明产品的受欢迎度，也为客户提供求证的事实依据	我们有一个客户和贵公司的情况非常相似……
竞品对比度	统计资料分析报告	通过与竞品对比分析突出优势，增加客户购买信心	这是权威机构最近发布的统计报告，这款产品现在的收益率排名第一……
企业美誉度	公开报道获取奖项	客户购买产品，不但选择产品本身，还注重企业与品牌的形象、口碑与实力	我们刚获得了供应链金融服务创新的企业奖……

4.3.3　归属感：交往、交心、交易……

在 5 项个人利益中，归属感是极为重要的一项。销售有一种说法："客户买东西其实是买感觉"，何谓"感觉"？应该就是归属感了。客户的归属感源于对特定产品的使用习惯，与供应商的亲密程度，更换供应商的时间、精力成本，对某一品牌的偏好，等等。

世界最大的形象识别与策略设计顾问公司朗涛策略设计顾问公司（Landor Associates）经过研究发现，松下电器和日立电器在质量、价格等方面并不存在什么差别，有的客户只买松下，有的客户只买日立，只是因为他们更喜欢所选的这家公司而已。美国人维基·伦兹等人在其所著的《情感营销》一书中也明确指出："情感是成功的市场营销的唯一、真正的基础，是价值、客户忠诚和利润的秘诀。"

我在课堂上常提出这样的假设：一个目标客户与现有供应商合作多年，产品、服务及人际关系都挺好。现在你去了，告诉对方你能做得一样好（而且真能做到），希望客户能选择你，可能吗？当然不可能。不是你不如竞争对手，也不是客户想为难你，只是因为对方有使用习惯，十分适应现有供应商，相处甚欢，没有你的日子一直过得很不错，不想为了成全你而折腾自己（更换成本）。总之，客户对你没有感觉（归属感），更没有义务来帮你。

显然，客户说"不"是不需要任何理由的，只是因为你才刚开始，需要跟进，而跟进是销售永恒的进行曲。我曾在课堂上与学员分析客户异议背后的"六大真相"，从一个侧面说明了归属感对客户的重要性。

（1）异议并非客户拒绝你本身，只是还未建立起信任。

（2）异议只是客户要求你给予更多的产品资讯或实证。

（3）异议表明客户还未明确对产品的真正需求。

（4）异议表示销售人员的行为举止令客户反感。

（5）异议显示客户有兴趣，只是需要时间考虑。

（6）异议只是客户表现出的一种本能的防卫或不作为。

那么如何从无到有，建立客户对自己的归属感，以增加订单的赢率呢？三种行为决定了归属感的有与无，归纳成一个等式：归属感 = 主动跟进 + 与人交心 + 售前服务。

1. 主动跟进

客户是需要"粘"的，主动跟进就是粘住对方的手段。销售的一个潜规则是在几个实力相当的候选供应商中，哪个供应商能够让客户与自己在一起的时间越长、投入的精力越多、了解的程度越深，就越有可能被选择。一是了解越多，相信就越多（客户更愿意相信其看到的，也会优先选择）；二是粘人的一方往往给人主动、热情的印象，日久生"情"，心理距离更近，关系也更密切；三是时间、精力的投入也是成本，付出越大，放弃的难度越大，另起炉灶意味着从头再来，客户耗不起、放不下。相反，那些无法与客户在一起的供应商因为不被了解，缺乏热度，就显得无足轻重。客户失去他们的成本为零，被拒绝的概率自然相对高些。

一家在华的世界 500 强药企准备建设新的中文网站，开展线上推广（之前一直沿用总部英文官网），请来两家网络公司候选。机会难得，两家公司都做了精心准备，方案和案例的演示炫目、华丽，表现难分伯仲。药企市场部一时难做决定，表示需要考虑考虑，一周后再商议。回去后，一家公司安静地等了一个星期，而另一家公司第二天就打来电话回访，询问更多据称必须知道的设计要求和细节，第三天很快出了两套新的备选方案，接下来两天又时不时地做些优化建议和改动。总之，让客户每天都能听到他们，看见他们。一周后，客户做决定了，那家每天都在"骚扰"的网络公司拿到了订单。

史蒂芬·柯维（Stephen R. Covey）是美国著名的管理学大师，被美国《时代周刊》誉为"思想巨匠""人类潜能的导师"，并入选影响美国历史进程的 25 位人物之一。1989 年，柯维的代表作《高效能人士的七个习惯》出版，给世界千百万人的工作和生活带来了积极而深远的影响。该书被翻译成 38 种语言文字，全球发行量超 1 亿册，2002 年被《福布斯》杂志评为十本最有影响力的书之一。"七个习惯"中的第一个习惯便是"积极主动"，其内涵不仅在于采取行动，还代表人必须为自己负责；个人行为取决于自身，而非外部环境；人有能力也有责任创造有利的外在环境，而不是被动地受制于不利条件。这些深邃的思想无不与归属感等式中的第一要素"主动跟进"相连。

下文是《高效能人士的七个习惯》一书中论及第一个习惯"积极主动"时的一段文字。

> 主动与被动的人有着天壤之别，不是 25% 或者 50% 的差别，而是 5000% 的差别，就那些聪明、机智和敏感的人来说，差距会更大。
>
> 采取主动是实现人生最大产能的必要条件，对于培养七个习惯来说也不例外。如果你甘于被动，那就会真的被置于被动

地位，主动和被动会让你面临截然不同的发展与机遇。

我参加过一个家居装饰行业的季度交流会，20家公司的代表借这个机会无拘无束地畅谈各自的业绩和问题。时值经济严重衰退期，该行业所受冲击尤为严重，因此会议刚开始的时候各家代表都无精打采。

交流会第一天的主题是行业概况，主要讨论"家居装饰行业究竟发生了什么事，其原因是什么"。讨论的结果是发生了许多事情：企业生存压力大，失业率居高不下，许多公司不得不裁掉亲朋好友以维持生计。结果会后每个人都比会前还要沮丧。

第二天的主题是行业未来，主要讨论"将来家居装饰行业会发生什么事"。大家围绕着将来可能阻碍行业发展的消极因素和环境趋势各抒己见，结果会后大家的沮丧情绪加剧，人人都预期前景会继续恶化。

第三天大家决定换个角度，讨论一下积极的话题："我们该如何应对，目前应该做些什么，在这种局面下如何采取主动"。于是，整整一上午我们都在商讨如何加强管理与降低成本，下午则筹划如何开拓市场。大家就这两个问题展开激烈讨论，集思广益，终于找出了一些切实可行的办法。结果这一天的会议在振奋、充满希望和积极精神的氛围中画上了句号。

关于"行业向何处去"这个问题，会议的讨论结果为：

（1）行业现状并不乐观，可以预计短期内会持续恶化。

（2）如果采取正确对策，改进管理，降低成本，提高市场占有率，就能扭转这种局面。

（3）目前的行业前景比以往任何时候都好。

习惯被动的人会怎么说呢？他们会说："别逗了，面对现实吧！你可以积极思考，自我激励一下，但仅此而已，你迟早要面对现实。"

但是积极行动与积极思考不一样。我们的确需要面对现实，不仅如此，积极行动意味着我们更要面对未来。真正的现实是，我们有能力以积极态度应对现状与未来，逃避这一现实，就只能被动地让周围环境和不利条件决定我们的一切。

2. 与人交心

跟进很重要，但还不够，如果每次见面总是说产品、谈交易，未免过于功利，归属感也就无从谈起，相反还会招致客户的抵触。浇树浇根，交人交心，个人情谊不可少，能成为惺惺相惜的朋友就更理想了。与客户相处，需懂得交心之道并为之付出努力。就销售与客户的个人关系而言，从低到高可分成四个层级：第一层是过客，仅限于交易，对客户身份一无所知；第二层是熟人，记住对方的名字和背景，一见如故；第三层是朋友，有共同话题与兴趣，彼此有好感；第四层是知己，推心置腹，情投意合，宛如一家人。

一个有归属感的客户意味着与供应商的个人关系已进入"朋友"乃至"知己"的阶段，具备以下特征：

- 朋友阶段：建立个人友谊，相互信任与支持。对彼此经历、喜好甚至家庭情况都有了解，有共同的爱好与兴趣，谈话投机。业务上有利益冲突时，能坦诚相见，甚至出手相助，寻找双方都能接受的方案，不计较一时得失。
- 知己阶段：两人无话不说，同甘共苦，了解对方的内心世界。家庭成员经常互访，可将家庭要事托付给对方。遇到困难或在做重大决策前，经常征求对方的意见。关键时能提供无私的帮助，甚至不惜牺牲自己的利益。

◎ 案例 4-3　　世界 500 强公司的交心术

以自动化控制系统、特种材料及交通和动力系统等产品闻名的世界

500强企业霍尼韦尔（Honeywell）当年在中国台湾地区有一名杰出的销售经理，把目标锁定在了同为世界500强的一跨国集团在华的化工基地，参与其工程项目的招投标。竞争异常激烈，客户方负责人是一位资深留法化学博士，专业背景极其深厚，对供应商的挑选也极为挑剔。几家候选供应商中，霍尼韦尔因其价格偏高，获胜机会已不大。

一次在客户的工作餐上，那位留法化学博士无意中说起了一件事：最近女儿一直缠着他要麦当劳的儿童玩具。要拿到这种商场买不到的玩具，顾客就必须在麦当劳点一份儿童套餐，但每天配额有限，先到先得。博士说自己因为工作忙脱不开身，没法兑现女儿任性的要求。

一段寻常的家事在销售经理耳中却绝非寻常。当晚回到住所，他给自己团队的几名成员打电话，要他们明日一早到就近的各处麦当劳店排队，吃套餐，拿玩具。考虑到促销活动已近尾声，不是每家店都有玩具赠送，为确保得手，他还专门找更多人排队。

第二天，销售经理再次来到客户公司，亲手将麦当劳玩具送到了前台转交，没有惊动那位博士。几天后，当他有机会再次与客户见面时，博士主动走上前来，拍了拍他的肩膀，微笑地说了一句："谢谢你的玩具。"

最后，销售经理在几次与客户沟通后调整了产品方案，拿到了这笔订单。

交心是需要情商的，即要有关注他人情感的意愿，解读他人意图的能力，以及能够给出感同身受的回应。没有情商的销售人员机会至少减半。这些人说话做事随性，容易伤及客户感受；缺乏对客户内心的解读，不屑于倾听，目中无人；从来不换位思考，不近人情。说到底，情商是一种对别人的在乎和爱，是为他人着想，视客户为"情人"，如此才能善解人意，动人心扉，让客户失去免疫力，产生归属感。无论眼前的霍尼韦尔还是先前的保鸿涂料，销售人员的情商都极高，因此能与客户交心。

3. 售前服务

最后，归属感的建立还有赖于供应商的售前服务。老子在《周书》中有言"将欲取之，必固与之"，告诉人们要想得到什么，得暂且先给些什么。凡事总有代价，耕耘才会收获，让客户因为你的服务而感动，心动，最后行动，这便是先予后取的力量。前文讲述的 ATM 制造商广电运通案例中，销售之所以成功，就是因为在跟进中发现对方尚在起步阶段，工作千头万绪，于是利用其行业资源，帮助银行完成了涉及电子银行的一系列服务规程的拟定，甚至提供了网点布局和施工设计的建议方案。这些看似与 ATM 无关的举动决定了客户订单的最后归属。

解决方案式销售的定位本就是成为客户的问题解决者，而不是产品推销者，带着一个有益于客户的想法做建设性拜访。这与倡导售前服务是不谋而合的。一个精于解决方案的销售顾问其任务不是卖，而是成为客户的一个不需要付工资的采购专员或项目经理，或者说就是客户的外脑，提供服务，解决问题，帮助客户购买。这是销售的最高境界。

综合实力位居中国电机制造行业榜首的卧龙电气是一家服务导向型企业。我在训前调研中的一个发现是，很多成功的销售案例都与服务有关。

◎ 案例 4-4   卧龙电气：订单是怎样炼成的

安徽皖维高新是一家国有上市公司，卧龙电气的销售人员已经跟进了一段时间，参加过一次投标，但由于尚在外围活动，竞争厂家又故意压价，投标失利。

随着交往与观察的深入，销售人员发现客户经常有急用电机的情况，临时采购的压力很大。"他们需要帮助，"他想，"如果在这个时候出手，不但能够解决客户公司的问题，还可以帮助采购人员提高工作绩效以及在领导、同事眼中的办事能力。"

机会终于来了。一日，客户车间提出急用一台电机，而且要求第二天到货。得到消息的卧龙电气销售人员立刻放下手中的工作，第一时间协调人员，安排落实，并在第二天联络运营部门用专车把货拉到了客户现场。这一"事件"让卧龙电气迅速受到客户高层的关注，采购专员也因此得到了公司内部的表扬，合作的大门终于被打开了。

4.3.4　尊重：个人业绩，被重视和赞赏……

皖维高新的采购专员因为有卧龙电气，可以解决电机使用的燃眉之急，电力公司的科技处处长因为有特发光网，可以完成技术创新的目标考核。企业层面解决了不同的问题，个人层面结果却是一样的，即工作绩效的提高，个人能力的体现，在组织内部得到重视和认可，赢得身边人的尊敬。这些正是他们决定购买背后的利益驱动，体现了马斯洛需求理论的第四个层级——"尊重"。

客户作为个人在购买中对"尊重"的关注包含两个方面：一是来自外部供应商的尊重，诸如态度、响应时间；二是来自内部身边人的尊重，诸如因采购成功而被重视和赞赏，取得个人业绩。

"态度"好的供应商往往更容易被客户接受，因为客户渴望被尊重。杰弗里·吉特默的《销售圣经》一书中有三段话生动地传达了客户的这种心理：

- 不要和我争辩。即使我错了，也不需要一个自作聪明的销售员来告诉我（或试着证明）。你或许赢了辩论，却输掉了交易。
- 不要自以为比我高明。不要以为自己什么都懂，而把别人当白痴。不要想当然地认为我想听什么话。我会保持沉默，并考虑从其他人那里购买。
- 让我感觉赢和与众不同。如果我要花钱，就要花得开心。这就要看你的言语和行动了。

这是一个在课堂上听到的真实故事。供应商（不止一个）与客户共进午餐，供应处处长一桌，副处长为另一桌。故事的讲述人（供应商之一）与处长坐一桌，席间偶尔看到另一桌有人朝自己这个方向多看了几眼。职业的敏感使他起身过去敬酒，恭敬有加，两杯一饮而尽。

后来得知此人是副处长，与处长不和，当时就断言等处长退位，凡是原来围着处长转的供应商一律不要，因为这些人没有重视过他。即位后，副处长果然出手，供应商纷纷被斩落下马，唯有这位销售员幸免，还成了好友。

原因就在于当时的两杯酒，在自己还没执掌大权的时候就备受尊重，副处长认为这个供应商人好，不势利，是真朋友。

相比来自外部的尊重，得到组织内部人员的尊重有时更让客户期待。这种尊重常以被人（雇主、同行或朋友圈）认可、重视、赏识、仰慕等形式表现，或通过荣誉表彰、特殊奖励、绩效评定等途径得以实现。赢得尊重很大程度上取决于他们的工作表现，比如 KPI 指标的完成情况，这是销售需要关注的地方，是机会，帮助客户成功是自己成功的前提。

不妨看看客户的那些运营部门都有哪些 KPI 呢（其实你的公司也一样）？根据美国研究 KPI 的专家戴维·帕门特（David Parmenter）所著《关键绩效指标：KPI 的开发、实施和应用》，大体有如下考核领域（仅列举几项）。

采购系统

- 指标名称：合格物料及时供应率提高率
  目的：反映采购系统管理供应商的能力，以及对均衡生产的保障能力和响应能力。
- 指标名称：人均物料采购额增长率
  目的：反映采购系统的生产率，促使其减人增效。
- 指标名称：可比性采购成本降低率
  目的：降低物料采购综合成本。

生产系统

- 指标名称：及时全套发货率增长率
  目的：反映生产系统和公司整体的合同履约能力。
- 指标名称：人均产值增长率
  目的：反映生产系统的劳动生产率，促使其减人增效。
- 指标名称：制造费用率降低率

目的：促使生产系统降低制造费用。

● 指标名称：产品制造直通率提高率

目的：提高制造质量，并降低制造质量成本。

营销系统

● 指标名称：销售额增长率

目的：作为反映公司整体组织增幅和市场占有率提高的主要指标。

● 指标名称：出口收入占销售收入比率增长率

目的：强调增加出口收入的战略意义，促进出口收入的增长。

● 指标名称：人均销售毛利增长率

目的：反映货款回收责任的履行情况和效率，增加公司收入，改善现金流量。

● 指标名称：销售费用率降低率

目的：反映销售费用投入产出比，促使营销系统更加有效地分配和使用。

● 指标名称：合同错误率降低率

目的：减少合同错误，合理承诺交货期，提高整个公司计划水平和经济效益。

　　某项绩效指标可能关联客户个人的某种利益诉求，对购买决策有潜移默化的影响。当然不是每项指标你都挨得上，但总可以找到一些蛛丝马迹，找出既能被你影响，又被客户关注的那些指标及背后客户的问题、挑战或需求，用你的产品、服务及相关资源帮助客户解决或达标。

　　还是回到卧龙电气的案例，看看它们是如何设计和帮助美的电器供应链完成工作绩效指标的。

◎ 案例 4-5　　美的需要什么样的供应商

　　美的电器年初对供应链部门提出的要求是在销售规模持续增长的同时，确保公司利润的同步增长。显而易见，除了向公司内部管理及运营要效益，供应商的优化、降本对美的供应链部门的年度绩效目标达成将起到举足轻重的作用。优化、降本不能以牺牲美的品质为代价，也就是说客户的任务重点是以低成本实现产品的稳定输出与技术创新。

问题就是机会。卧龙电气制订了相应的销售方案，全力帮助客户供应链部门完成工作目标，借此进入美的供应体系。

（1）发挥卧龙电气的传统优势，以小塑封交流电机为切入点，满足客户对价格和品质的双重要求。先期以抢占市场为主，后续通过对产品的市场份额、供货地点、品种覆盖的布局优化和规模效应实现卧龙电气自身的盈利目标。

（2）直流电机供应把重心放在技术创新上，着重开发大功率产品，满足美的电器使用国内组件替代国外产品的长远计划，在提高客户盈利能力的同时寻找卧龙电气新的增长点。

（3）借助卧龙电气日本研究院在技术降本方面的能力，全面开发市场需求产品，优化交流电机与直流电机在美的产品线的配套结构。

实施结果：交流电机两款验证合格，价格符合客户要求，供应商资质审核顺利通过；直流电机优势突显，两款大功率产品在研究院初步测试合格，工厂正在进行长期运转实验；其他直流电机产品正在进行降本后的性能测试。此刻，卧龙电气是在与客户并肩战斗，并已经超越销售的个人操作层面，进入企业的战略规划、产品研发与市场布局，但目标是一样的：为客户提供解决方案。

4.3.5 自我实现：职业发展、个人荣誉……

"天下熙熙，皆为利来；天下攘攘，皆为利往"。其实，利与名始终交织，"利"到深处就是"名"了，体现在客户个人利益的最高层级"自我实现"，"名"的考量就成为重心，可以包括职业发展、学术地位、社会声望、从业政绩、特殊荣誉、个人理想，等等。

回顾福田卡车的案例，在一次交易中车商一下售出50辆LNG（液化天然气）卡车，车价每辆高出普通燃油车12万元，后又追加25辆。令人意想不到的是，客户是一石化集团旗下的大型物流公司，由于在价格上竞争不过同行，屡屡败北，濒临亏损，本来还在犹豫是否退出物流市场。最后决定引进 LNG 卡车，是因为燃料成本下降，按现有运行里程计算，1辆车全年可节省油费 12 万元。如此，客户就有能力在价格上同中小型物流公司抗衡，重整旗鼓。从企业层面的利益分析，客户决定购买是为了获取竞争优势，即搞定"客户的对手"——客户最关注的三类人之一，但这不是故事的结尾。由于提高了企业市场竞争力，实现公司扭亏为盈，老总成为集团内部正在开展的企业现代化管理转型的标杆，受到大会表彰和媒体报道，声望大幅提升，随后又有两家物流公司归其管理。此时的老总已迈开大步，信心满满地朝着更新、更高的物联网进发。这就是"自我实现"的驱动了。

早些年给中国移动做"教练式培训"，内容之一是跟访，即与他们的客户经理一同拜访客户，不透露自己的身份，不参与交流过程，现场只做观察和记录。访问后，与被跟访人员就其行为表现和得失做面对面的评点和辅导。跑了许多城市，也记录下不少值得思考的场景，反映出销售人员在理念和方法上的差距。

下面是一段焦化厂的跟访记录。中国移动的客户经理认定客户尚未建立起自己的办公自动化系统，打算推销移动办公自动化业务。他甚至在拜访前不用预约，直接在去的路上打电话给对方老总，显示出与客户的关系非同一般。

客户经理："刘总，咱们合作都两年了，感谢您一直选用我们的移动通信业务，这次来主要想跟您谈谈我们新的办公自动化产品。"

老　　总："我们已经开发了一套办公自动化系统啊！"

客户经理：（显然有些意外和吃惊）"啊，是这样？现在用得怎么样？"

老　　总："传递报表挺管用的。"

客户经理："但我们还可以做成移动办公的功能。"

老　　总："IT 我不懂，这样，我让我们的信息部部长来。"

信息部部长就在走廊不远处的一间屋子办公，很快来了，50 岁开外。这样的"高龄"IT 实不多见，但言谈间表露出的热衷和专业却一点儿不逊色。令人费解的是，这样一位有影响力的人物，为什么客户经理两年来一直没有接触？关系如此亲密的客户，为什么连对方有了与自己业务有关的办公自动化系统都不知情？

幸运的是，接下来的谈话颇丰。信息部部长同意客户经理先提交一份手机邮箱的方案，并强调公司董事长一直热衷于在企业管理方面搞试点、求创新。焦化厂在当地是一面旗帜，像手机邮箱这样的信息化工具正迎合了创新的定位，企业在媒体宣传上也更有卖点，更加风光。

瞧，"自我实现"起作用了，而这超出了信息化产品本身的功能。销售就是如此，同样的产品因为不同的客户被赋予了不同的意义，关键在于我们能否发现和加以有效引导，能否沉下去找到客户内部的那些"利益相关者"。

"自我实现"所投射出的驱动力有时是超乎想象的，绝不可忽视。做好文章，往往能够声东击西，或以小博大，让竞争对手找不到北。课堂讨论过的案例中，不少都与客户的这一利益诉求有关。除上述已提及的几个外，几年前一个大型体育场馆的中央空调采购项目同样令人记忆犹新。

◎ 案例 4-6

某市一国际性的大型体育场馆建设项目进入中央空调的采购选项阶段。S 空调作为本土空调企业，入围机会渺茫。一位负责该项目的市体委官员已明确表示国际品牌优先，豪言要建成亚洲最好的同类型运动场馆。

S 空调无奈走低调、外围的路线，与客户一项目工程师保持友好接触，并声明只为拿到屋顶机的订单（100 万元左右的小单，就整个空调系统的体量来说微不足道），以此化解项目各有关人员的戒心（其中有些人必定是竞品的眼线）。

实力差距让S公司不敢有奢望，倒是一直被其善待的客户项目工程师站了出来，帮S公司出主意，提出改设计方案，引入地源热泵热回收机组的概念，打节能环保牌，出奇兵。作为手下，工程师了解项目负责人此刻最关注什么：技术上，解决冷却塔占用消防通道的问题；工程上，赢得某政府奖，落实国家财政补贴，做出政绩。而基于地源热泵技术的新方案能够很好地对接这两大诉求，获奖与否与节能环保的设计密切相关，用FAB模型分析更为清晰。

F（特征）	A（优点）	B（利益）
喷淋降膜蒸发装置 ➔	提高空调机组COP ➔	节能，降低运行费用
冷凝器热回收设备 ➔	实现热能循环使用 ➔	减少设备能耗，环保

↓

地源热泵循环系统 ➔ 绿色、生态、低碳 ➔ 政府奖项，财政补贴

至于冷却塔占用消防通道的问题，由于新方案采用地埋管系统设计，取消了冷却塔等设施，问题迎刃而解。方案既出，又有工程师的引见，S公司随即获得了项目负责官员的接见与关注。

一年后，体育中心竣工，一则新闻报道记述了这段历史："场馆中处处流露出环保节能理念。善用天然资源、减少资源消耗。水源热泵系统的使用，取用人工湖水……"

其实，地源热泵热回收机组不是什么高新技术，空调厂商大多能做。但这里的关键早已不是技术问题，而是谁能知道客户真正要的是什么。FABE法则告诉我们，客户购买的不是产品本身，而是产品带来的用来满足他们需求的利益。销售人员在推介产品时应落脚在利益上，一旦洞悉了客户的利益诉求，销售人员就能够知道从产品的哪个方面入手，呈现客户想要的特定结果。

4.3.6 产品利益定位导图

"3+5"利益法则是一张总括客户购买行为与诉求的全景图，使销售人员得以厘清哪些利益因素在驱动客户买或者不买，找到一面解读客户的镜子，也为自己在产品方案呈现阶段如何更有效地向客户展示产品利益找到坐标，最终提高订单赢率。

表 4-3 "3+5 利益法则"涵盖了客户几乎所有买或不买的理由。买是因为得到了其中一个或几个想要的利益，不买则意味利益缺失，可能是供应商对客户的利益诉求失察，没有加以引导，或根本就给不了。表 4-3 可以作为销售人员精准定位产品利益呈现的工具，针对某个特定的客户，知道如何出牌，在哪几个层面发力。

表 4-3 "3+5" 利益法则

请就一个特定客户或市场进行分析，如何针对其不同层面的利益诉求，提供你的产品 / 服务解决方案。不是每个层面都存在可能性，找出客户需要的且你能提供的产品 / 服务解决方案。

诉求	客户企业层面	解决方案（你的产品 / 服务）
1	解决其客户问题（如市场开发、销售额、利润率、客户满意度……）	
2	解决其竞争问题（如竞争优势、差异化、产品创新、市场地位……）	
3	解决其自身问题（如采购成本、交货期、技术性能、服务支持……）	
诉求	客户个人层面	解决方案（你的产品 / 服务）
1	生理（个人喜好、工作便利、商业潜规则、地域 / 年龄 / 性别考虑……）	
2	安全（采购有风险，交易需谨慎，只有对供应商有足够的信任才会买单……）	
3	归属感（使用习惯、与供应商的亲密度、更换成本、品牌偏好……）	
4	尊重（供应商态度、响应时间，因采购成功而被重视和赞赏、个人业绩……）	
5	自我实现（职业发展，学术地位，个人荣誉、政绩、理想……）	

你的销售方案（总结）

在产品利益定位中，有以下方面需要注意。

（1）不是每个客户都需要"3+5"的。比如引进福田卡车的物流公司老总，企业层面是解决市场竞争的问题，个人层面是追求自我实现的荣耀，利益诉求是"1+1"，销售人员就应该从这两个层面入手，分析竞争形势，描绘企业前景，给对方一个买的理由。购买特发光网 OPPC 光缆的电力公司科技处处长，企业层面为公司的技术创新，个人层面要完成自己的绩效指标，最后还因特发光网的跟进服务有了归属感，利益诉求是"1+2"，销售人员可以在这三个层面活动，举办技术交流，开展试点工程，撰写成果报告，并通过跟进、交心、服务提升与处长的个人关系层级。这些销售行为都指向一个结果：让客户看到利益，决定购买。

如何判明客户需要几加几，这有赖于前期客户需求调查阶段对客户问题的诊断以及需求的发现。所以 SPIN 与 FABE 的关系是，SPIN 用于揭示问题并触发客户改变现状的需求，FABE 则提供解决方案，有针对性地呈现客户希望得到的利益。从问题到方案，从需求到利益，从 SPIN 到 FABE，构成了一个销售逻辑导图（见图 4-3 ）。

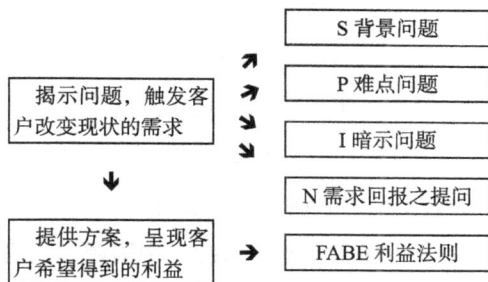

图 4-3　销售逻辑导图

（2）对客户的利益诉求，供应商不是每项都能做到的，这种情况下就需要有效引导。如上述体育场馆的空调采购项目，比规模、品质、案例等企业层面的硬实力，S 公司完全处于劣势，必须在"3+5"里寻找客户的其他利益驱动，摆脱被动局面，最终定位在政绩的"自我实现"层面。这是 S 公司能够帮助客户做到的。尺有所短，寸有所长，销售人员一定要清

楚优势和劣势所在，聚焦于自己有能力呈现又为客户所关注的那些利益项
（见表 4-3）。

在前章"客户需求调查"中，当论及 SPIN 应用注意事项时，特别强
调了"选对问题"：成功的销售人员清楚自己的产品或服务能够解决的问
题，还知道客户在某种情况下最有可能出现什么问题。也就是说，成功的
销售人员擅长选择那些对客户而言更有可能出现且能够予以解决的问题领
域。比如"福田电器分销渠道开发案例"，销售人员可以尝试从三个方面
寻找机会：

1）在"客户的客户"方面，了解客户目前经销竞品的利润率、销售
机会、市场份额等与销售业绩相关的指标，找到可能有的差距或缺口。

2）在"客户的对手"方面，重点关注客户在售开关的品种分布、换
代周期、功能设计，以及相对于周边地区商户还存在哪些短板，等等。

3）在"客户自己"方面，围绕成本、性能、服务、市场保护等客户
必须关注的焦点，探询他们是否有不满或希望在哪方面改善。

之所以聚焦这些问题，一个重要的前提是福田开关有解决这些问题
的优势或资源，比如产品更新快、品种丰富、质量有保障、服务到位。另
外，没有窜货、渠道价格不透明带来的经销商利润空间等，都有可能成为
福田呈现产品利益的资本。销售的重心是找到客户在这些问题上最薄弱的
环节，即某个足以触动他们改变现状的问题，着手制订解决方案。

如果把上述销售个案上升到企业的整体营销层面，那么拿下的就不
是一个客户，而是一片市场了。蓝韵医疗是中国领先的高科技医疗设备研
发制造商，产品覆盖数字超声、放射影像、临床检验、血液透析、呼吸麻
醉、医疗 IT 六大领域，在全球拥有 1500 多个分销合作伙伴和一个庞大的
服务营销网络。在培训调研中，我发现企业对自身优势的总结十分到位，
包含以下四项。蓝韵之所以能在海外开疆拓土，一个重要因素是善于在这
些领域发现经销商的问题，然后凭借自身资源有针对性地呈现"3+5"中
的某项利益（不同的客户有不同的"$n+n$"）。

1）蓝韵是医疗市场的新品牌，相对于其他价格透明的竞品有更好的

利润空间。

2）蓝韵的经销商策略较稳定，不会随意增加或减少经销商，能给合作伙伴带来持续的支持和保障。

3）蓝韵拥有自主产权的彩超产品，能更加灵活地为客户提供定制化服务，使经销商在做此类项目时优势明显。

4）蓝韵拥有五大产品系列，遇到大项目可以提供完整的打包方案，提供一站式服务。

总之，销售人员需要对自己知根知底，对客户了如指掌，才能真正在"3+5"利益法则的导航下找到产品卖点和客户痛点的交汇地带，走向成交。

4.4　销售提案建议

销售提案也称为销售建议书，是供应商为促成交易而提交给客户的书面供货方案，分析客户的问题和需求，并描述自己的产品或服务是如何提供解决方案并为客户带来利益的。

不是所有的销售活动都需要用到提案。如果所交易的产品或服务比较复杂，价格较高，对客户的意义重大，且客户的采购程序、决策人员多而复杂，此时提案就是不可缺少的销售利器。

从解决方案式销售的流程来看，在前期完成对客户需求和产品利益的深度分析与说明后，也需要以文字形式全面、系统地总结并向客户汇报。销售光靠嘴说未免浅显，尤其在做复杂产品或大客户销售时，显得随意和不专业。而光靠听，客户也未必能理解或放在心上，结果往往是拒绝。

4.4.1　无声的销售利器

销售提案应用可以是主动的，即销售人员主动向目标客户建议并得到肯定的回应，在规定时间内递交，也可以是被动的，即应客户的要求，提供销售提案（招标文件就是其中一种）。好的销售人员总是会主动争取给客户写提案，好处有以下五点。

1. 提供系统、专业的呈现，促使客户接受

销售人员向客户口头阐述时，受时间、表达能力及产品的复杂性等限制，不可能把每个问题或技术方案都说得很清楚。而光靠听，客户记住的信息有限，专业度也不够，导致理解不全面、不清晰，最终容易被拒绝。借助销售提案，销售人员首先可以对客户问题和需求给出专业的分析、归纳、整理，其次运用文字、表格、图像等形式清晰表述产品或服务的特点、长处以及能够带给客户的利益，最后还能就执行事项、项目进度、成功案例等予以规划或说明，使对方印象深刻，难以说不，从而帮助客户迅速做出判断和选择。

2. 表现主动、积极的姿态，加深客户印象

要知道，客户或许每天都在与像你这样的销售人员见面，对于口若悬河的推销说辞近乎麻木。一份好的销售提案有机会让你与众不同，尤其在主动提交时，意味着一种付出，表达友好与进取，让客户开始对你认真起来，对促成交易有非常明显的推动作用。

3. 与客户有更多接触机会，"粘"住对方

在大客户销售中，少有一次接触就拿到订单的。"粘"住客户，关键在于懂得为自己的每次接触设定下一步目标，取得销售进展。比如，邀请对方参加你的产品展示会，争取一次与客户内部决策者的会谈。而提出为客户撰写一份销售建议书并在规定时间内递交，恰恰是"粘"的一种手段。时间上，一份提案的提交和每一次修改（可以有第一稿、第二稿、第三稿等）都可以成为约见客户的契机；空间上，为完成提案，你有机会（或者说"借口"）与客户的决策、采购、使用、技术以及财务人员等进行多方位接触和沟通，深度了解客户需求，得到翔实的第一手材料，为拟订解决方案提供方向。两者结果是一样的：你与客户的粘性大大增强。

客户的归属感原理决定了一个销售潜规则：在几个实力相当的候选供应商中，哪个供应商使客户与自己在一起的时间越长，投入的精力越多，了解的程度越深，就越有可能被选择。粘人的一方往往给人主动、热情的

印象，心理距离更近，关系也更密切。而客户在你身上的时间、精力投入也是成本，付出越大，放弃的难度越大。撰写销售提案无疑能为销售人员创造这样的机会，使客户对你的眷顾多于对你的竞争对手的关注。

4. 增加可见度，提高销售效率

提案的另一个好处是销售人员能够摆脱日常一对一接触客户的时空限制。客户上至高层下至使用人员，都可以读到你的销售提案。如果提案足够吸引人，他们就可能被打动。销售效率大为提高，销售人员的可见度也得以建立。所以，提案常被比喻为"无言的销售"。

5. 写远比说思路开阔，从而发现更多商机

通常，当我们写一件事，远比只是在想或做这件事更为全面、系统、深刻而有条理，思路有可能豁然开朗。原因在于写使我们有时间静下心来专注地思考，一一回顾在与客户访谈或现场观察时的所见所闻，能够发现之前未曾在意的一个问题、一种需求，或找到之前未曾想过的一种方法、一项资源，从而使呈递的方案因为这些字里行间的思考变得丰满和有亮点。"运筹帷幄，决胜千里"就是这个道理。

4.4.2 如何编写一个好提案

既然销售提案如此重要，那么写好提案就是每个专业销售人员必备的技能了，有两点必须谨记。

（1）提案的撰写一定是建立在前期与客户有效访谈的基础上的，对客户需求有深度了解，对产品方案有精准定位，见诸文字，提案才能言之有物，掷地有声。

（2）提案是写给客户看的，但客户内部人员因职能、立场及诉求的不同而有不同的决策准则，所以提案一定要顾及利益相关者。比如，营销或高层决策人员多为商业导向，关注企业的市场业绩、竞争地位、产品创新、战略目标等要素；采购或财务人员多为成本导向，关注预算、价格、账期、折扣、性价比等；技术或使用人员多为技术导向，关注产品的技术

性能、服务支持、运营效率、成功案例等。对于不同的客户内部人员，提案呈现的角度有所不同。

一个完整的销售提案涵盖如下 12 个单元（见表 4-4 ）：

表 4-4 销售提案应用模块

单元	内容定位	篇幅
封面标题	写明主题、提案人、日期等。客户及供应商的公司全名及 Logo 应同时出现在封面上。标题引人入胜，可配合客户项目的既定目标拟定	一页
问候	问候语不宜过长（一个段落为宜），以企业及部门为对象，尽量不要指向个人，感谢客户给你的机会和协助	选填
目录页码	在提升文案形象的同时，使内容和顺序一目了然，也方便处于不同关注角度的客户迅速找到自己感兴趣的内容，增加可读性	一页
主旨	可视为提案的概要，主要供客户决策人员阅读。指明如何帮助客户达到既定目标，供应商及方案有哪些亮点	一页
企业介绍	概述客户的经营领域、发展历程、产品优势、行业地位等，表明你对客户企业的了解与关注，让对方有亲切感	根据需要
现状分析	针对在前期走访中了解到的客户现状、问题、需求及关注等，用文字完成一个系统的梳理、记录和分析，帮助客户界定问题和需求	根据需要
方案建议	基于之前的现状分析，一一呈现特定的客户想要的结果。详解如何提供对策，帮助客户达成既定目标，与"现状分析"单元呼应，使客户一目了然	根据需要
产品详述	如果所交易的产品或服务较为复杂，技术性强，有必要专门留出一个单元，详细介绍产品或服务的设计、构造、性能、使用等，配以图片或具体参数	根据需要
执行	从合同签订直至项目结束的预案，包括主要事项、负责人、截止时间等，在显示供应商的准备度、专业性和执行力的同时，增加客户的购买信心	根据需要
报价	就所交易的产品或服务列出价格明细，包括数量、单价、总价或折扣、赠送条款等。不建议第一稿就报价	选填
结论	回顾产品或服务能够带给客户的利益，强调方案的优势或亮点，表达真诚与信心，并与前面"主旨"单元相呼应	选填
附件	一切能够支持提案的资料，包括公司资质、成功案例、获奖荣誉及客户特别要求的相关文件	根据需要

1. 封面标题

写明主题、提案人（团队）、日期等。客户及供应商的公司全名及 Logo 应同时出现在封面上。标题要引人入胜，可配合客户企业的某项战略口号或项目的既定目标拟定，能够让客户一眼就发现你的价值。

以培训提案为例。一家工业电器领域的民营企业正全力准备上市，当前面临企业的战略转型与升级问题，为此公司高层提出了"双龙出海"的绩效增长计划。与此呼应，一项针对企业营销队伍的全员培训计划已提上议事日程，力争通过技能优化、团队管理、区域规划、绩效考核等多方面的学习与训练，掌握一系列专业方法、工具，使绩效增长计划在营销系统得以有效推行、实现。培训机构在对企业做过深度访谈后，拟订了一份年度销售培训方案，封面标题为（分主标题和副标题）：

> ××电器20××年销售人才培训计划：
> - 助推××电器"双龙出海"绩效增长模式，持续优化投入产出比
> - 多层次、阶段性、全方位提高××电器销售团队业务技能与实效

2. 问候

问候语/感谢词不宜过长（一个段落为宜），以企业及部门为对象，尽量不要指向个人。感谢客户给你的机会，感谢相关部门给你的协助，同时借以表明你为了给客户最好的提案，投入了大量的时间与精力。本单元非必选项，可视情况取舍。

3. 目录页码

目录体现了提案的专业度与可读性，在提升文案形象的同时，使内容和顺序一目了然，也方便处于不同关注角度的客户迅速找到自己感兴趣的内容。

4. 主旨

可视为提案的概要及精华部分的浓缩，字数控制在一页内，主要供客户决策人员阅读。这些人往往视野宏观，更关注结果和方案的可取之处，

没有时间读完提案的全部内容。因此主旨必须简明扼要，直击要害，指明如何帮助客户达到既定目标，供应商及方案有哪些亮点，促使客户决策人员在最短时间内做出对提案人有利的决定。

5. 企业介绍

通常以"关于××企业"或"××企业概览"为栏目标题，概述客户的经营领域、发展历程、产品优势、行业地位或与本次采购有关的战略目标等"高大上"的内容，字数控制在一页内。这更多的是一种礼节性的呈现，表明你对客户企业的了解与关注，让对方有亲切感。内容可来自客户企业网站、宣传手册或在访谈中获得的相关信息。

6. 现状分析

本单元及随后的"方案建议"单元是整个提案的核心部分，分别对应了销售流程中的"客户需求调查"阶段与"产品方案呈现"阶段。"现状分析"即针对在前期走访中了解到的客户现状、问题、需求及关注等，用文字完成一个系统的梳理、记录和分析，给客户一个强烈印象——你了解他们，甚至比他们了解得更多、更透彻。对客户已表明的需求，提案应予以翔实归纳；对客户尚未意识到的问题，提案要能够帮助客户发现并做出界定。可以想象，当客户看到这些文字，犹如遇到知己，对提案撰写人的信任与亲近感油然而生。

需求在于客户最关注的三类人——客户的客户、客户的对手、客户自己。销售就是在上述三个领域发现客户的问题，提供解决方案。这为"现状分析"单元的撰写提供了思路和模板。无疑，最终提案的质量取决于前期的走访与调查是否深入。在上述"××电器20××年销售人才培训计划"提案中，涉及"现状分析"的部分文字如下：

> 通过与××电器营销总部部分高级管理人员的分批访谈与
> 深度沟通，我们发现，作为一家务实、持久的企业，××电器
> 拥有一支相对稳定的销售队伍，爱岗敬业，以企业为荣，为公

司效力。同时，也面临以下挑战：

（1）业务操作层面。

1）大多为企业自身培养和输出，"土生土长"，工作年限较长，思维较为封闭。

2）主管个人能力相对较强，少部分人完成公司大部分创收，存在市场风险。

3）长于传统型的销售手法，文化程度普遍不高，在职业化素养和管理方面有待提升。

4）一线人员的专业知识与销售技巧滞后，主观能动性差，更多是在跟单而不是拿单。

（2）组织管理层面。

1）更倾向于个人包干式的销售，在团队协作方面没有给予足够的重视。

2）偏重于销售产值指标，对销售成本控制、利润及效率关注较少。

3）老员工和主管缺乏对新人培育的意识和方法，团队管理和复制能力不强。

4）部分管理人员似安于现状，有优越感和"防备心理"，缺乏对新事物的开放心态。

7. 方案建议

客户买的不是产品本身，而是产品带给他们的用来满足各自需求的利益。提案在本单元应落脚在产品利益上，基于之前的现状分析，一一呈现特定的客户想要的结果。"3+5"利益法则可以成为撰写方案建议的主线，详解如何提供对策，帮助客户达成既定目标，与"现状分析"单元相呼应。至此，从问题到方案，从需求到利益，提案足以让客户一目了然。

在上述"××电器20××年销售人才培训计划"提案中，涉及"方案建议"的部分文字如下：

基于与营销总部主要负责人就上述问题的交流与达成的共识，我们已拟定出一个全面、系统的"××电器20××年销售人才培训计划"，以解决企业人才瓶颈为突破点，在一线销售人员、办事处主任、区域/行业总监三个层级实施有针对性的专项培训，助推"双龙出海"绩效增长模式，持续优化投入产出比。

（1）一线销售人员。此部分人占××电器营销人员的1/3，年龄在25～30岁，中专学历居多，基本上是从企业内部岗位（如车间、技术等部门）转入，销售的专业知识与技能欠缺，在如何与客户有效沟通与交往方面能力不足，等、靠、要的思想严重，更多行为只是在接单、跟单而不是拿单，且执行力和自信心不强。这将严重制约公司未来的业务拓展。

培训目标：学会应知应会，夯实专业基础，提升销售"狼性"

培训课题：专业销售技巧——销售角色认知与流程关键

　　　　　顾问式销售技术——客户需求发掘及成交技法

　　　　　专业销售谈判——双赢谈判攻略与实战训练等

（2）办事处主任级。此部分人涉及××电器6大区域销售中心所属的20多名主任、副主任，年龄35岁左右，学历不高，多为内部提拔，有一定的拿单能力，但在专业、系统的销售过程管理和有效的销售团队建设方面尚缺乏经验和理论基础，导致团队复制能力差，营销视野有限。显然，他们需要学习更多的销售策略与方法，并学会从"做事"到"管人"。

培训目标：学会深度营销和区域管理，提高团队建设能力

培训课题：顾问式销售技术——客户需求发掘及成交技法

　　　　　大客户销售策略——客户决策循环解析及对策

　　　　　区域管理与营销规划

　　　　　卓越销售管理——销售团队建设与业绩提升等

（3）区域/行业总监。涉及××电器5大行业项目部及6大区域销售中心的总监、副总监等高级营销管理人员，以及商

务部、市场部、行政部的主管。如果说一线销售人员是"兵"，办事处主任是"将"，那么区域/行业总监就是"帅"，理应成为各自领域的设计师，掌握人才培养、市场规划、团队管控、员工激励、绩效考核等组织建设的关键能力，进而使××电器的团队复制、团队协作得以成功，解决人才瓶颈，实现绩效增长。

　　培训目标：学会高效领导行为，潜心打造一支高效能团队

　　培训课题：大客户销售策略——客户决策循环解析及对策

　　　　　　　区域管理与营销规划

　　　　　　　卓越销售管理——销售团队建设与业绩提升

　　　　　　　非财务经理的财务管理

　　　　　　　目标管理与绩效面谈

　　对于办事处主任及区域/行业总监级学员，还有如下课题备选：非人力资源的人力资源管理，跨部门协作——无边界管理与群策群力等。

8. 产品详述

　　如果所交易的产品或服务较为复杂，技术性强，有必要专门留出一个单元，详细介绍产品或服务的设计、构造、性能、使用或与竞品的对比等，并配以图片或具体参数。对于非专业客户，这部分内容可以起到启蒙和引路的作用；对于专业性客户，这些翔实的资料使产品更为直观和有说服力，从而帮助其迅速做出判断和选择。

　　在上述"××电器20××年销售人才培训计划"提案中，"产品详述"单元就是每门课程的详细介绍，涉及课程概览、培训对象、授课方式、学习收获以及内容纲要等内容，连同讲师的介绍，有1万多字。客户对产品了解越多，就越有信心购买（当然，前提是适销对路）。

9. 执行

　　从合同签订直至项目结束的项目管理表，包括主要事项、负责人、截

止时间等。本单元可视为提案人对整个交易过程的"预演"与承诺，包括售前、售中及售后，在显示供应商的准备度、专业性和执行力的同时，增加客户的购买信心。

采购有风险，交易需谨慎，只有对供应商有足够的信任，客户才会埋单。有太多的销售人员给客户开过空头支票（说到但做不到），因此把执行环节说清楚，等于给客户吃了定心丸，更在传达"万事俱备，只欠东风"的信号，有助于推进交易的达成。在上述"××电器20××年销售人才培训计划"提案中，"执行"单元涉及训前调研、训中纪要及训后评估、跟进的具体操作流程，并有一系列的实施表单作为附件一并放入提案中，其中一段如下：

（1）训后将提交专门的培训评估表单，对业务难点、理解程度、学习收获及下一步的培训需求等做出分析，帮助客户持续提高销售团队的业务素质。

（2）为最大限度地改变和优化销售行为，训后参训人员填写《学员行动计划表》(附件一)，主管填写《主管考核评估表》(附件二)，培训顾问协助主管根据行动计划对学员实施跟踪辅导。

（3）每次课程结束后或下次课程开始前，可视学员学习状态或要求，设半天课时进行回顾、总结，针对所学内容和个人行动计划，结合真实客户案例和实际销售行为进行交流与练习，温故而知新，强化培训成果的落实。

10. 报价

就所交易的产品或服务列明价格明细，包括数量、单价、总价或折扣、赠送条款等。如有条件，还可纳入成本效益分析，效益包括有形效益及无形效益，有形效益数值化，直观、清晰，容易得到客户认可，并显示竞争力。记住，书面报价永远比口头报价严谨和有穿透力。

不建议提案的第一稿就报价，除非你的价格有明显优势。尽量把报价留到最后，至少当客户已初步认可你的方案，并为此投入了时间和精力，此时报价就相对安全。所以同前面的"问候"单元一样，本单元非必选项，可视情况取舍。

11. 结论

回顾产品或服务能够带给客户的利益，强调方案的优势或亮点，表达真诚与信心。这是全文的总结，并与前面"主旨"单元相呼应，有始有终，加深客户印象。同时，也可就自己企业的背景、优势等做简要说明，鼓励客户做出选择。

12. 附件

附件指一切能够支持提案的资料，包括公司资质、成功案例、获奖荣誉及客户特别要求的相关文件。关于案例，可尽量选取那些有接近性的客户见证，一是地域接近，二是行业接近，这样会更有说服力。

4.4.3　什么时候需要写提案

综上所述，一个完整的销售提案由封面标题、问候、目录页码、主旨、企业介绍、现状分析、方案建议、产品详述、执行、报价、结论、附件12个单元组成。表4-4"销售提案应用模块"可为提案撰写提供样式参考。

不是每个提案都需要如此厚重，写多少、写什么取决于客户的要求与项目的性质。对交易额不大、产品不复杂的订单，一两页纸的书信式建议反而比动辄几十页的提案更亲民和有效，也能保证销售效率；反之，项目越大，竞争越激烈、产品越复杂或客户采购决策越规范，对提案的要求就越高（包括内容的全面性与结构的系统性）。此时，提案的好坏甚至直接决定谁可以胜出。毕竟，客户更愿意相信他们看到的。当产品无法体验或者前景无法预测，提案中的文字描述就是唯一可见证的取舍标准。

供应商在销售提案的撰写、制作和包装上必须付出最大努力，包括封面的精美、文案的精细、制作的精良，尽可能把此刻客户用来评判你的唯一见证做到完美。写提案时，有必要集思广益，也有必要统一认识，集中力量，在最短时间内拿出足以让客户心动的作品。虽然每个客户的需求不一样，销售提案的内容也不尽相同，但是掌握一个成熟、稳定的提案结构以及储备一些有共性、可复制的内容模块一直是写好提案的前提和效率保证。

第 5 章

方案的量产

开发基于市场细分或行业应用的"集成式"解决方案，这是企业在实施解决方案式销售中应有的战略高度，从个人"加工"转型为公司"量产"，从单笔买卖上升至批量交易，大大扩展这一营销模式的辐射面与效能。

5.1　方案，从个人行为到企业战略

从客户需求调查到产品方案呈现，本书关于解决方案的论述多聚焦于销售个人行为层面，详解如何发现并解决客户在某一特定时期或特定项目中的特定问题，结合客户的差异化需求与企业自身资源，把产品做成方案。然而，站在企业经营层面，解决方案需要更多地关注目标市场的普遍问题而不局限于单笔交易，搭建解决方案平台（组织架构、业务流程等），整合产品、服务、信息等组件资源，把方案做成产品。

开发基于市场细分或行业应用的集成式解决方案，这是企业在实施解决方案式销售中应有的战略高度，从个人"加工"转型为公司"量产"，从单笔买卖上升至批量交易，大大扩展这一营销模式的辐射面，提升其效能。

5.1.1　解决方案的组件

在已列举的诸多解决方案式销售的案例中，有一家中国台湾地区的食品添加剂公司特别值得注意。中国大陆食品添加剂行业的竞争异常激烈，供应商与食品生产企业容易形成较稳定的买卖关系，新的添加剂厂商想插足进来很难。但是，这家企业却在短短几年内攻城拔寨，成功就在于它发现国内食品市场已进入成熟期，新产品的开发能力成为决定企业能否保持长期盈利的关键。现实情况是国内食品生产企业的新产品开发环节薄弱，影响了业务发展，而这正是这家企业的长处。

于是这家企业决定新成立一个事业部——食品添加剂后续产品开发部，主攻方向不是添加剂，而是研究如何在自己的添加剂基础上，开发出适应大陆的新产品。运作方式是找到有研发需求或技术瓶颈的客户，由销售部与后续开发部一起与目标客户沟通，特别是与客户的产品研发部门无缝对接，落实新品的开发与研制。一旦新产品上市，添加剂一定是用这家企业的，这是配方的要求，也是产品的价值使然。

这是一个具有企业战略高度的解决方案式销售。搞定的不是一个客户，而是一片市场；成功的关键也不止于销售人员的个人能力，而是企业的解决方案平台及整体资源。从中我们可以总结出解决方案式销售作为一种先进的企业营销模式的若干特征，如定制化产品，全程式服务、平台化运营等（具体可参见 1.4 节阶段 2 中的 2."集成式"解决方案）。

1. 定制化产品

基于市场细分与行业差异，提供不同的有针对性的产品及应用方案，并提炼出解决方案的最大卖点或独特的价值主张。诸如富士施乐针对政府部门、工程设计部门、大中小型企业客户分别展示了不同的产品方案，如总体拥有成本解决方案、高印量文件输出解决方案、大幅面文件管理解决方案等。上述这家添加剂公司的"定制化产品"在于输送新产品研发资源，以帮助客户取得竞争优势。

2. 全程式服务

基于"一站式"服务与客户一同工作。在帮助客户实现收益最大化的同时（搞定客户的客户、客户对手或客户自己的问题），达到成本最小化（使客户省钱、省时、省心或省力）。所以，能够提供"一站式"解决方案式服务的企业必然能够成为赢家，通过前期价值性建议以及后期价值性服务，为客户戴上一副"金手铐"。上述这家添加剂公司的"全程式服务"是与客户研发部门无缝对接，或助其一臂之力，或与其联合开发，成为全天候顾问。

3. 平台化运营

解决方案式销售需要在组织及业务流程上的支持，诸如 IBM、惠普等 IT 企业为销售解决方案而成立了咨询公司或相关咨询部门，提供组织及知识保障。工业品企业为销售解决方案大多设立销售工程师的角色，负责向客户说明解决方案的应用，协调资源并做好项目的执行、跟踪。所以，企业必须成为一个平台的搭建者，以组织架构、业务流程等要件为支撑，有效整合产品、服务、信息等组件资源，"批量"生产解决方案。上述这家添加剂公司的"平台化运营"之一是成立新的事业部——食品添加剂后续产品开发部，在组织与业务流程上落实新产品的开发与研制。

世界著名的市场研究及管理咨询机构盖洛普 CEO 克利夫顿指出，企业获得增长的有效途径就是与客户建立一种顾问型关系。对企业尤其是大型企业而言，价格在其与客户的关系中只应发挥 30% 的影响比重，而建议则应占据 70% 的比重。对这一论断，利乐应该是一个最直观的印证。当今标榜做解决方案的企业不胜枚举，但真正能做到位的为数不多，而能够做到极致的少之又少，利乐就是其中一个。因为在定制化产品、全程式服务及平台化运营方面做法独到，这家世界 500 强、全球最大的食品包装企业甚至让国内乳业客户有了利乐依赖症，一度被国家工商管理部门发起反垄断调查。

5.1.2　利乐"依赖症"解析

　　1979 年，利乐灌装机被用于生产"鲜宝"牌菊花茶，标志着其正式进入中国市场。至今利乐已在佛山、昆山、北京、呼和浩特建有 4 家工厂，从事液态食品无菌包装材料、灌装机销售、零配件供应及技术服务等业务，在国内乳品行业（尤其是常温奶市场）占据了绝对的市场份额。伊利、蒙牛、光明等国内 9 成以上的乳制品无一不是通过其包装销往全国各地的。

　　利乐在中国市场的巨大成功，除了其强大的技术、工艺能力外，还源于在国内发展初期的独特的商业模式。利乐从 2000 年开始与蒙牛、伊利等一批有潜力的乳企合作，提出将价值千万的设备以低廉的价格卖给客户，部分型号甚至免费赠送。作为交换协议，乳企承诺以后数年内独家采购利乐的包材（利乐设备不兼容其他厂商的包材）。这就是后来备受争议的"吗啡疗法"。中国乳业在发展初期大多缺资金、缺技术，面对"送货上门"的利乐，企业几乎无法说不，于是顺理成章地被捆绑住了，而且它们持续经营也很难离开利乐的支持。

　　就在中国乳企跑马圈地、自顾不暇地发展壮大时，利乐已成功地完成了对整个乳业的合围式布局。在利乐最初的"免费午餐"模式下，大部分乳企习惯于使用利乐提供的包装生产线和包装材料，久而久之，形成了利乐"依赖症"。利乐"军火商"的外号由此得来，"免费提供枪支，弹药必须从利乐采购"。迄今，利乐为中国牛奶、饮料企业提供了上千条罐装线。

　　不过，如果以为利乐仅仅是靠捆绑销售的商业模式走到今天，未免一厢情愿或目光短浅了。其实就捆绑销售这一商业模式本身而言，对当年的中国乳企也有其特殊意义。2000 年后，国内乳业迎来黄金发展期，而这时的国内包装市场几乎一片空白，只有利乐、国际纸业、康美包等少数国外巨头环伺市场。为何最终利乐一家独大呢？以伊利、蒙牛为例，利乐帮助这些乳企迅速崛起，解决了客户在资金、技术、工艺等方面的严重短缺和强烈渴求。有业内人士感叹："没有利乐，中国乳业会怎样？"也有专家断言："没有利乐，也就没有如今国内乳业三强的竞争格局！"所以本质上，这是一种解决方案式销售，致力于帮助客户经营成功。

商业模式只是利乐成功的起点，在商业模式背后，更为深远并成就利乐统治地位的成功基因是价值销售的理念。在乳制品行业，利乐远不只扮演一个设备和材料供应商的角色，而是在诸如帮助乳企规范奶源建设、生产运营与流程优化、包装设计与品牌推广、渠道开发与终端管理以及消费者教育等领域全方位提供辅导。这种参与到整体产业链的运作方式最终让客户获得更多来自利乐的支持，也让利乐赢得客户的忠诚（或者说"依赖"）。

可以说，解决方案式销售在企业层面的实践在利乐得到了完美演绎：在深耕中国市场的数十年中，利乐和乳企深度合作，针对客户的问题共同拟定对策，提供资源，帮助客户实现既定的商业目标。这一过程已远超出纯粹的买卖行为，核心任务是发现和解决客户的问题，成为商业顾问与伙伴。这才是让利乐始终立于不败之地的定海神针。

现在，我们从产品、服务与信息三个解决方案的组件要素来分析利乐是如何在企业层面整体实施解决方案式销售的。

1. 产品："利乐枕"投资方案

客户若投资一套利乐枕无菌包装液态奶生产线，需一次性投入几百至上千万元。对乳品企业而言，这是一笔巨大的支出，资金上有困难，而"利乐枕"的设备投资方案解决了他们的问题：客户只要拿出20%的款项，就可以安装成套设备投产。而以后数年中，客户只要每年订购一定量的包材，就可以免交其余80%的设备款。这样客户就可以有大笔资金开拓市场，或投资其他项目。

一乳企客户有意投资"利乐枕"项目，以取代原生产线，增加企业竞争力。有很多问题解决不了，其中最头痛的是原有设备如何处理，这牵涉企业的投资成本与风险。当时客户内部有分歧，万一新产品市场局面打不开，将危及企业的生存。如何解决客户的困难？利乐决定折价收回原有设备，并全力协助客户做好新品上市的准备工作。同时，利乐还全程参与新品上市的策划，特别是为客户的营销人员进行新产品上市培训。新产品一上市，消费者接受度很高，销量逐日上升，供不应求。企业摆脱了困境，从此走上了良性发展的道路，在当地成为行业龙头企业。后来，客户又上了第二条利乐生产线，市场份额不断扩大。

2. 服务：协助客户分销管理

1999 年是利乐客户的艰难时期，销售量下降，价格战升级，盈利能力急速恶化。零售商为了追求高利润产品都愿意经销 PET 塑料瓶装饮料，一些农村地区的老百姓也更愿意买便宜的水加香料的 PET 装饮品。经调查，利乐发现客户面临三个问题：①虽然愿意拓展市场，但苦于财力、物力缺乏，无法建立有效的分销、零售网络；②出于风险考虑，在新市场客户不愿意赊销，致使下游分销商经营难度增大，市场难以推开；③分销渠道管理薄弱，很少甚至没有当地分支机构，人员精力分散，推销力度不够。

于是，利乐推出了"积极铺货，振兴销售"的免费送货方案，与客户一同加强对分销商的渠道管理，扩大利乐包在新市场的铺货率，增加消费者的购买机会。免费的送货专车代替了以往的现金鼓励，从而避免降价销售，实现深度分销。最终，在新市场铺货率达 100% 的饮料就有三种：PET 可口可乐，PET 娃哈哈纯净水，利乐包无菌砖饮料。通过与客户的结盟和战略合作，利乐架起了利乐 – 客户 – 经销商 / 零售商 – 消费者之间的利益桥梁，为客户也为自己创造了效益。

3. 信息：提供专业咨询建议

利乐在消费市场上有一句家喻户晓的广告语"找到利乐，找到新鲜"，但业内的另一条流行语"找到利乐，找到信息"却鲜为人知。利乐在全球各分支机构设有庞大的信息查询系统，并通过网络共享，包括市场资讯、行业动态、数据统计等。每月编辑发行的"利乐之友"也是客户必看的资料。

一乳企客户很想上一个液态奶项目，由于技术资料匮乏，市场信息不够，一直在犹豫。利乐第一时间把手头掌握的行业现状、市场份额、人均消费水平、存栏数（奶牛），生产线设备等各类信息与企业共享，同时尽一切可能搜集客户所需的其他资讯。接着，利乐与客户一同考察市场，还参观了其他区域的乳品企业，使客户获得了宝贵的前期决策依据。只要与业务相关的信息，客户都会向利乐咨询，比如生产工艺上有点儿问题、管理上遇到困难，都会立刻想到利乐并与之联系，找到解决办法。最终，利乐担当了客户成长和发展的战略顾问与合作伙伴，设备和耗材上的合作也就水到渠成了。

总之，利乐"依赖症"的真正内涵是一种客户忠诚。这正是利乐在企业层面全方位实践解决方案式销售的成果，源于战略重心从产品销量转移至对客户的价值贡献；立足全过程的咨询与服务，提供解决方案而不只是交易；关注业务改进与创新，提高客户的投资回报，致力于双赢。

5.2　行业解决方案的机遇与设计

利乐针对的是乳制品一个行业，但多数企业的产品应用是跨行业、多用途的，覆盖多个市场。开发基于市场细分或行业应用的"集成式"解决方案，这是企业"量产"解决方案的方向与路径。中国联通在这一领域已经做出了令人印象深刻的探索与业绩，对国内企业开发行业应用产品、赢得市场竞争优势具有示范意义。

5.2.1　中国联通的行业应用战略

"聚焦八大行业，打造标杆产品"是中国联通行业应用战略的布局，并已一步步将蓝图变成现实。八大行业包括政府、金融、物流、航空、汽车、能源、医疗、公用事业，标杆产品涵盖城市管理、数字工商、网络发票、海关查验、移动展业、车辆查勘、环保监控、移动办公、移动执法、汽车信息化、远程监测监控、远程抄表、电力巡线等超过50项行业信息化应用方案。目前，联通行业应用客户已达4000万户，其中移动办公及移动执法 1400 万户，无线监测与监控 560 万户，汽车信息化 380 万户，在中国联通的业务比重与收入贡献也逐年递增。

什么是联通的行业应用解决方案？不妨看一下其部分产品清单。

（1）移动警务：为公安系统提供的一套安全、可靠、开放、实用的警务综合应用。该系统可以实现现场取证、各类信息查询、移动办公、资源监控等功能，满足公安人员快速响应、及时行动的要求。

（2）数字工商：主界面提供包括工作提示、工作任务、通知公告、户口查询、统计分析、巡查录入、食品监管以及帮助等功能，可以覆盖移动工商执法的绝大部分需求。

（3）移动税务：利用智能手机终端实现缴税管理、任务通知、发票查验、法律法规速查以及催报催缴等功能，使税务执法人员能够随时随地利用税务部门内部的信息系统，辅助执行公务，极大地提高执法水平和工作效率。

（4）数字城管：通过移动信息化手段将社会治安、城市管理、公共服务三种社会事务相结合。借助移动终端和 GPS 定位，城管人员能够随时随地接入后台管理系统，实现移动事务处理以及多媒体信息的采集和实时传递，构建起责任到位、处置及时、运转高效的监督和处置机制。

（5）销售管理：基于联通网络，结合 GPS/GIS 技术，在智能手机终端实现订单管理、拜访任务指派、人员考勤、数据采集、照片采样等功能，解决了企业普遍存在的外勤人员管理困难、数据收集慢、真实性低、处理难等问题，提升企业营销管理能力和员工的工作效率。

（6）企业办公：面向企事业单位，企业移动办公系统作为传统内部办公系统的无线方面的扩展应用，借助智能手机、iPad 等多种移动终端通过联通企业移动办公中间件平台与客户原有的办公系统无缝结合。当外出时，如有办公访问需求，可随时随地通过移动终端轻松实现公文处理、信息查询、协同办公等工作，大大提高了办公效率。

（7）手机查勘：基于联通网络，利用智能手机终端，结合GPS/GIS技术，实现查勘员定位调度、现场查勘数据、照片上传等功能，解决了车险查勘中存在的对查勘员缺乏有效管理、报案后等待时间长、理赔时效慢的问题，降低车险经营成本和理赔道德风险，提升保险公司服务质量。

（8）移动采编：针对报业传媒、网络媒体行业提供的移动信息化应用，利用3G网络和智能手机终端，实现了文字、图片、视频等多媒体新闻稿件的采集、编辑、初加工、传送等功能，大大提高了新闻时效性和工作效率。

（9）智能公交：将车辆指挥调度、实时视频监控、公交信息发布功能融为一体，实现公交车辆动态管理、科学调度，促进了城市公共交通的现代化进程。该项应用在有效提高公交管理和运营效率的同时，也成为公共交通安全的重要保障。

（10）平安校园：以视频、定位、射频识别技术为核心，提供实时视频监控、平安短信、学生定位三大主要功能，提升了学校安防管理的信息化水平，成为保障公共安全的重要组成部分。中国联通已在全国27个省、市、自治区开展此应用，涉及学校4600多所，监控点近2万，为打击校园犯罪，维护社会稳定提供了有效手段。

（11）ATM监控：智能ATM视频监控系统是通过在传统ATM监控系统中加入智能视频分析单元实现一系列智能视频处理的。它能根据用户预先设置的规则，对场景进行实时的监控，当预设规则被破坏，系统会及时发出报警信息，提醒监控人员注意并采取有效的处置手段，实现主动预警。

（12）智能抄表：利用WCDMA/GPRS网络对家庭和工商业用户的水、电、气、热使用状况进行实时采集和远程监控，完成数据的集中存储和统一管理，实现对表具的远程维护和远程控制。该应用以全自动的抄表方式取代了传统的人工抄表，极大地提高了工作效率，降低人力成本，同时为管理、统计、分析能源使用情况提供依据。

（13）定制网卡：以"上网＋内嵌增值服务"双重品牌形象推荐给最终用户；以"无须安装、即插即用、服务随卡携带、无缝融合"的理念和技术，让用户感受易用性和便携性。

（14）手机银行：将个人金融服务与移动通信服务相结合，是一个跨越金融、通信两大行业的创新性应用。通过手机，用户即可完成转款、付款、查询、信用还款、理财等操作。

（15）外勤通：一项基于CELL-ID基站定位技术，面向企事业单位的外勤人员管理提供的具有考勤管理、行程管理和差旅监控等功能的手机定位行业应用业务。

（16）沃随车动：利用卫星定位技术GPS、联通基站定位技术、网络通信技术等高科技手段，为私家车主、政府机关、企事业单位提供车辆防控及信息增值服务。

（17）一卡通：面向企事业单位、学校、商户，使用RF-SIM卡手机及传统13.56MRF智能卡，实现消费、考勤、门禁、道闸、人事档案管理等功能。通过将最新的射频技术集成到手机SIM卡内，使现有的手机变成射频通信终端。除SIM卡的基本功能，还拥有一个可代替钱包、钥匙和身份证的全方位服务平台。

（18）移动媒体：依托WCDMA/GPRS通信网络，对不同类型的多媒体终端进行远程部署和统一管理，实现信息定时、定向、定方式、定内容发布，满足各行业客户资讯传播、广告运营，业务展现等需求，为新型媒体快速部署和高效运营提供了有效手段。

不难看出，行业应用产品的背后是一个个集成式的解决方案，整合产品、服务与信息等组件资源，并实现了"量产"，将解决方案式销售提升到了企业战略层面。联通的行业应用战略本质上是对目标市场的共性需求进行"批处理"，聚焦客户关注的三类人——客户的客户、客户的对手、客户自己，解决他们在这三个方面存在的问题。在给联通司职行业客户开发与维护的销售团队培训时，几乎每个案例的成与败都可以从解决方案式销售的角度找到答案。

比如在物流快递行业竞争激烈的今天，委托人、货件、送货员以及后台管理者之间能否及时沟通，已经成为物流企业竞争力的重要指标。如何提高信息化水平以实现对业务的全面管理和监控是物流行业关注的焦点。某物流公司就是这样一家专业从事国际、国内双向收送速递物流业务的联营组织机构，国内十大快递公司之一，已在全国范围内设立连锁服务网点近 3000 个，年营收规模 16 亿元，员工人数达到 4.5 万人，车辆数量仅广东省就有 350 多辆。

联通提供的解决方案包括：

（1）联通智能手机 +OTA 菜单的 USIM 卡，解决高额硬件投入的问题，并实现客户绑定。

（2）可视化菜单操作，解决了电话、短信方式不直观、无信息反馈的问题。

（3）快件送达后，可在手机终端直接输入客户反馈信息，服务器端同时自动发信息给委托寄件人，提高了信息实时更新速度。

方案带给客户的收益如下：

（1）流程运转效率提升：客户信息反馈速度提升，满意度进一步提高；送件员派件成功后，可直接在手机终端输入客户反馈信息（成功信息和问题反馈等），服务器端收到后立即自动发信息给委托寄件人，加快了回单速度和准确性，节省 4 个小时的滞后时长。

（2）企业运营成本降低：相比部分国际物流巨头，信息平台单点成本至少节省 3000 元，预计总成本节约 300 万元；人工成本降低，以原有每站点一名资料录入员，全省 380 个站点计算，可节省 380 名录入员，在原有人力成本基础上节省约 7%。

（3）提升企业形象，降低通信成本：采用统一总机号码方案，塑造品牌；使用语音套餐"长、市、漫"一体化，全国被叫免费。

（4）企业信息化带来的精细化管理：对企业与员工的管理更科学和人性化，提高了管理效率，也增加了员工的满意度。

5.2.2　企业解决方案平台的搭建

不可忽视的一点是，针对行业客户的开发与维护，联通按行业划分和设置销售部门，使业务人员专注于各自所在的技术领域，甚至在客户眼里成为本行业乃至本企业的信息化项目专员与顾问。联通熟悉客户面临的市场问题、竞争问题和运营问题，与客户分析行业的信息化趋势与应用案例，能够整合企业内外的信息化资源，最后一同制订信息化应用方案。双方形成一种顾问型的合作伙伴关系，在项目实施过程中，联通继续扮演协调者的角色，促成客户企业内部各有关部门的协同。

在上海，联通"集团客户部"设有 11 个中心，对应 11 个行业所在的客户群。每个行业中心的客户经理是解决方案平台的枢纽，团队配有销售助理（负责销售内务工作、流程事项）、账务经理（负责每月客户账目、欠费处理等工作）、服务经理（负责光缆施工、维护等工作）、网络经理（负责评估客户固网、移网，定期出具网络状况评估报告）、产品经理（负责出具售前产品方案，并在项目中提供技术支持）。可以说，一个中心就是一个解决方案的平台，也是实现方案量产的工厂。

联通实施行业应用战略有其深谋远虑的规划，其中之一是打造行业应用支撑体系（平台）。上述行业中心的建立只是体系的一个组成部分，体系的首要目标是构建集团客户"总部－省－市"三级行业应用专家队伍和解决方案专家队伍。据一份联通的行业应用研究资料统计，2014 年，公司的全国解决方案团队人员已达到 5000 人。

这份研究资料总结的联通行业应用整体工作思路还包括：建立案例共享机制，提升解决方案整体水平；落实行业专家管理办法，建立对口支撑体系；依据分地孵化原则，培育优秀行业应用。

在建立案例共享机制，提升解决方案整体水平方面，重点是打造中国联通行业应用解决方案图书馆，通过全集团范围内知识共享、相互学习和借鉴，提升行业应用支撑和拓展能力，提升全国项目复制能力。至2014年年底，联通集客系统应用交流共享平台已累计开户10 814户，录入案例、方案等合计2216个，累计下载32 127次。这为联通实施行业应用战略提供了强大的知识基础与技术后盾。

在落实行业专家管理办法、建立对口支撑体系方面，联通讨论制定了行业专家对口支撑机制，具体如下。

（1）明确专业范围：根据每名行业应用专家本职工作及相关阅历划定可支撑的专业范围。

（2）提升支撑水平：通过专家培训及行业应用竞赛等方式提升专家队伍整体水平。

（2）建立对口支撑：根据各省提请的支撑需求，结合专家专业范围及能力水平建立对口支撑。

（4）扶植重点省份：各专家在保障本省业务发展的前提下，重点支撑中西部省份。

（5）施行支撑评价：由被支撑单位对专家的支撑工作进行评价并反馈集团公司作为年度考核依据。

（6）落实激励考核：根据专家参与项目的态度、能力、成效结合支撑评价落实相关激励政策。

在依据分地孵化原则、培育优秀行业应用方面，总体思路是依托智慧城市云承载平台及物联网支撑平台，结合省内客户需求，甄选行业合作伙伴，孵化省内创新应用，经市场验证后由集团面向全国推广。工作流程为选择产品→签订协议→孵化加载→功能验证→业务推广→市场反馈→产品升级→全国复制。

企业不可能都像联通一样庞大和资源充沛，但可以有一个如联通一样的新的经营哲学，在市场理念、销售技巧、运营平台、管理体系等方面向解决方案型公司转型。

第 6 章

客户信任建立

> 都说销售难，其实采购更难。买对是应该
> 的，买错就是罪人。采购有风险，交易需谨慎，
> 只有足够地信任供应商时，客户才会埋单。太多
> 的客户最后说不，不是因为供应商不好，而是因
> 为客户看不到供应商的好。

6.1 为什么受伤的总是客户

在产品或服务同质化的市场上，如果你有幸在众多竞争对手中脱颖
而出，无疑值得庆贺一番。然而此时销售远未结束，尤其当这笔采购对客
户来说关系重大时，买家的决定是相当脆弱的，一有风吹草动就有可能撤
回，使销售人员无功而返。这时，你的客户已进入了一个"风险期"，有
顾虑，怕买错。

6.1.1 客户到底顾虑什么

培训即将开始，老师第一次来到这家企业讲课。此刻，屋子里最紧张
的人莫过于公司的人力资源/培训主管。虽然不在讲台上，但课程成功与
否，学员满意与否，似乎都与这位主管有关，因为是他引进了这门课程，
请来这位老师，如果课程失败，他难辞其咎。几分钟后，老师与学员打成

了一片，全场气氛热烈起来，这时主管挺直的身子才有所松脱，脸上露出一丝满意又稍带疲倦的笑容。随着课程渐入佳境，这一刻，主管或许可以回自己办公室休息了……

这是平日在讲台上经常见到的一幕，可以读出企业人力资源／培训部门工作责任的重大，更能折射出采购者的不易与艰辛。都说销售难，其实采购更难。买对是应该的，买错就是罪人。前文的"3+5"利益法则表明，客户在决定是否购买时有一个对安全的利益诉求。采购有风险，交易需谨慎，只有足够地信任供应商时，客户才会埋单。即使下单了，由于对结果的未知与顾虑，仍不免忧心忡忡。面对一项复杂产品采购或大额订单交易，做决定往往是非常困难的。

天虹纺织集团（简称天虹纺织）是全球大型包芯棉纺织品供应商之一，致力于高附加值时尚棉纺织品的制造与销售。在给该企业授课时，数个新客户开发案例都印证了客户采购的顾虑。

◎ 案例 6-1　　　　天虹纺织的订单之路

目标客户是山东一家专业生产中高档牛仔服装面料的工厂，有 100 多台喷气织机，所使用的竹节和弹力等原料一直从当地供应商处进货，对品质及交期要求严格。天虹纺织的销售人员从侧面了解到，现有供应商的竹节纱分经效率不高，这也是客户要求改进的一个老问题。

以此为突破口，经多次沟通，天虹纺织初步取得了客户的认可。眼前最大的问题是客户认为天虹工厂比山东当地的远，现有供应商的产品在北方有一定知名度，多年使用质量也算稳定。天虹纺织虽然名气大些，但交期和品质未必就一定超过当地厂家。对要不要换供应商，客户举棋不定。不求有功，但求无过，采购人员不想承担供应商更换产生的风险和责任。

销售人员深知建立客户信任需要时间，继续保持跟进与沟通，一点点加大客户对天虹纺织的接受度。最后，天虹纺织终于让客户同意先做一批小样，取得了一个样纱送检的机会。对天虹纺织而言，无论交期还是品质，这是一次不能有任何闪失的考试。如果成功，客户就会有与天虹纺织合作的信心与理由，突破对采购风险的最后一道心理防线。

谁知因为样纱数量少，第一次送货途中就被货车司机在济南私自中转，如此就不可能按时送达客户工厂。销售人员知道后，迅速联系办事处派专人押送，200公斤样纱随大巴车及时送到，确保了承诺的交期。接下来几次磨合，天虹纺织在生产、交期、质量等方面的表现都得到了认可，信心满满的客户决定开始与天虹纺织大规模合作。

其实，天虹纺织还是那个天虹纺织，但在客户眼里，天虹纺织不是以前那个名声在外的天虹纺织了，而是一个信得过的天虹纺织。这再次印证了一个道理，太多的客户最后说不，不是因为供应商不好，只是因为客户看不到供应商的好。

在复杂产品或大额订单交易中，买方的风险和顾虑无处不在。到了要做最后决定的时候了，虽然客户前期已筛去大部分供应商，但在签字前可能还是有所保留。这些对风险的顾虑有些被明确地表达出来，如送货、价格、维修或培训等。这时，销售已进入了一个商议谈判阶段，你需要一套全新的策略、战术和技巧。另有一些顾虑却常难以言表，从未被买方明确说出，原因在于它的"莫须有"，比如客户对天虹纺织"交期和品质未必就一定超过当地厂家"的怀疑。这些顾虑正是本章论述的重点，如果不予以解决，将成为销售的一大阻碍。

6.1.2 客户什么时候有顾虑

如果你去超市买一双袜子，一定不会担惊受怕，买错了可以退，或干脆再买一双，金额小，风险可忽略不计。但像买房或为企业购置一套价值几十万元乃至上千万元的机器设备，就没有那么轻松了。这就是简单销售（小订单）和复杂销售（大订单）的区别，我们要解决的是复杂销售中客户不可避免的顾虑。

在什么情形下客户最容易产生顾虑呢？以下是一些"风险性采购"的

归纳，由此我们可以进一步解析顾虑背后的真相。

1. 重大的决定

在复杂产品的采购中，客户的决策往往事关重大，这不仅表现在金额上，还在于决策对企业运营可能产生的影响。不难看出，购买决策的重要性越大，买家对决策风险的顾虑越强，生怕犯下一个代价巨大的错误或使所在企业的运营受到侵扰。

2. 多个利益相关者

任何重大的购买决策都会涉及很多人、部门或不同层面的管理人员。这种开放式、组织化的决策可能不得不考虑人际关系的风险，比如是否会冒犯有影响力的人或部门，而这样的顾虑在简单产品的销售中并不多见。

3. 多家供应商竞争

大订单意味着丰厚的利润，自然吸引更多的供应商参与竞争，其激烈程度远超过小订单交易。在这种状态下，卖方的可信度和能力变得非常重要，且往往难分高下或各有所长，客户对此也难以考量和取舍。无论选择或放弃哪一家都意味着权衡与风险。

4. 更长的销售周期

复杂产品、大额订单的销售，如为大楼安装一套中央空调系统，需要数月甚至更长时间的周旋。这给了客户更多的时间考虑潜在风险，如遇风吹草动即有动摇之心。比如价格上的疑点或对售后服务的担心，都会随着销售的推进而产生。

5. 新产品、新技术

复杂产品大多与新科技、新方法联系在一起，因不了解、不熟悉，客户对一旦做出购买决定后产品的实际收益缺乏预测，对供应商在引进、实施这些系统时的专业能力与服务资源缺乏信心，担心造成无法挽回的损失。事实上，这正是合同签订后在产品引进、实施阶段常见的一个问题。

解决方案式销售大多出现在基于 B2B 业务类型的工业品销售、技术型销售、大客户销售、项目型销售等大宗生意交易，显然在上述所列情形的范畴内，客户对采购有顾虑是一种常态，需要认真对待。当然，还有很多因素会使客户因顾虑、担心而止步，如销售人员素质差或响应时间慢、欠缺成熟的沟通技巧、缺乏自信、准备不充分。所有这些心理效应最后都可归于一个结果，即买方的采购风险。

6.2 如何让客户有信心购买

客户的顾虑必须消除。为此销售人员要善于识别客户顾虑的信号，并懂得如何处理客户的顾虑，最终让客户有信心下单。

6.2.1 学会识别客户的顾虑

客户对采购有顾虑时是有一些信号显现的，包括：

- 重提已解决了的问题
- 不切实际的价格投诉
- 不合理的拖延
- 不愿意继续会面
- 拒绝进一步提供信息
- ……

所有这些特别举动都意味着客户对下单可能心存疑虑，此时，销售人员应该小心留意并探究疑虑背后的原因，而不能视而不见或想当然地认为客户迟早会下单。在应对客户顾虑时，销售人员应该避免以下三种做法：

- 淡化：给予一些无根无据的保证，如"你没有必要担心……"
- 指示：给予一些不受欢迎的意见，如"你可以先用起来……"
- 加压：催促答复或决定，如"合同我都带来了……"

◎ 案例 6-2　　　客户为什么只选贵的，不选对的

安女士是当地一家财务会计公司的合伙人，对一个目标客户的跟进已将近一年之久。这家工厂打算彻底改造它的财务控制系统，需要有一个专业的财务机构帮助实施。安女士知道工厂同时在跟一家外地的大型财务公司谈，但相信凭借自己对客户所在行业的了解和具有竞争力的报价，最后能够胜出。

与客户的交往一直很顺利。就在客户最后要做决定的前夕，双方再次碰面。与以往不同的是，这次客户显得十分冷淡，还就她先前提出的建议方案，奇怪地提出了很多无关紧要的问题和异议。虽然安女士一一应对了这些问题（其实她以前就回答过），她还是感到了客户似乎有些心事重重。"我是不是该主动问一下发生了什么，"安想，"还是那样做反而会招致麻烦？或许我什么也不做更好，让客户自个儿待着，过会儿可能就好了。"想到这里，安女士赶紧把话题扯开，问了几个不相关的问题，比如日期、人员、方案。果然，客户也停止了继续提出异议，顺着她的话题说了下去。安女士暗自舒了口气，心想："看来我是做对了，如果我真的问了他有什么问题，可能就捅马蜂窝了。"

两天后，安女士听到了她最不愿意听到的消息：自己没拿到这笔可观的订单，工厂最终把单子送给了那家外地的大型财务公司，也是世界八大会计事务所之一。安女士拜访客户想知道究竟为何。"我们几乎就选了你的公司了，"客户说，"但我们总担心像你们这样的小公司可能不具备我们所需的专业高度。为了这事，我们讨论了好久，最后考虑还是保险一点儿，找了那家大公司，虽然它的价格比你的高不少。"安女士听了十分惊愕，要知道，她的公司就是做客户行业的财务起家的，非常有经验，而且价格又低，正是客户的最佳选择。"那你为什么不告诉我这些顾虑呢？"安女士失望地问道。"我话都到嘴里了，"客户回答说，"但我觉得如果再问诸如规模、能力这样的问题很难说出口。当时，我真希望你能主动提一下，多给我们一些信心。"

安女士丢掉订单是因为她不明白在大客户销售中，消除客户顾虑的最基本规则，即忽视或回避客户的顾虑要比当面探究这些顾虑并把它们放在台面上讨论和解决更危险。

6.2.2 客户顾虑的应对方案

客户顾虑的应对方案如下。

第一，随时留意，观察客户顾虑的征兆。许多交易失败都是因为销售人员忽略了客户可能有的顾虑。

第二，保持警觉，找出客户顾虑的信号。客户可能直接说出问题或疑虑，也可能避而不谈，要用心观察。

第三，乐于讨论和解答。没有必要把顾虑当成客户的拒绝，而应想办法深入了解问题。应探究客户顾虑的原因，而不是淡化或压制顾虑本身。

第四，建立和强化信任。说到底，客户有疑虑还是出于对供应商的不了解与信任缺失，所以应尽可能多地详解产品方案如何实施和发挥作用，多用第三方的成功案例做参考，邀请买家参观考察或做技术交流，还要与客户个人之间建立友谊和信任。

卧龙电气与台州一热电厂洽谈电机供应。客户有购买需求，但对卧龙电气的产品不熟悉、不了解，迟迟不下订单。销售人员首先向客户详述卧龙电气的实力及市场业绩，让其对卧龙有更多了解；其次，积极与热电厂的电气工程师进行技术交流，使之成为一个倾向于卧龙电气的意见影响者；再次，邀请客户关键人员到卧龙电气考察，通过体验式营销让客户对卧龙电气的产品及服务放心。最终，双方走到了一起。

厦门建发集团位列福建省企业集团 100 强之首，物流是其一个重要的业务板块。在多年给企业的培训中，不乏针对客户顾虑的案例研究。

◎ **案例 6-3**　　　　**建发物流的"是与非"**

客户是长三角一家大宗商品进口贸易商，主营化工原料和木材。公司计划从秘鲁进口一批木材，由于货值较大，自有资金不足，想找一家代理公司垫资，并且从秘鲁港口海运到上海。公司负责人找到了建发物流。经调查，建发物流认为此单可接，但为规避风险，要求贸易商预付30%的定金给外商后，才到指定码头做FOB（离岸价）交易，余款LC（银行信用证）结算，这样可以防范外商收到预付款后不发货的风险。后来A公司承诺此款项由它支付并承担外商所有的违约风险。

原以为此单就等外商备好货，签合同了。船期和舱位已通过船务部门预定，可临近装船日了，贸易商还是没来签代理进口合同和支付30%的货款，外商也很焦急。建发物流经办人员一直在催贸易商，可对方只是说再等等，也不肯说明具体情况。之后，通过对方一个单证人员了解到，贸易商正和南京一家上市公司接触，单证人员抱怨还得重新找物流公司安排海运，因为南京这家公司主做代理进口，不涉及物流环节的操作。

贸易商突然变卦，不合常理，肯定另有原因。一番周折后，建发物流经办人员从对方基层人员处了解到，负责人的顾虑是担心建发物流介入他的上下游抢生意，并且对建发物流在上海的兄弟单位做过调查，因为这家单位在上海确实进口不少木材。

了解到贸易商的顾虑，建发物流经办人员随即前往客户公司当面沟通。毕竟双方前期已经投入了大量的时间和精力，而且合作确实能够实现互利共赢。客户担心商业利益受损可以理解，更需要化解。会见中，贸易商被建发物流的诚意所打动，在听了建发物流的服务定位和业务模式后也基本消除了顾虑。建发物流郑重承诺只为客户提供资金链和物流链的服务，不会介入其上下游客户做自营贸易，贸易商完全可以通过建发的资金平台把生意做大。最终，双方愉快地签订了合同。

这个案例告诉我们，对客户的顾虑绝不能掉以轻心，更要善于识别客户顾虑的信号，并及时应对，关键在于创造机会多了解、多沟通、多些信任、多在一起。

第 7 章

项目签约路径

> 没有一个客户在为你守候，除非你足够努力。面对一个未知的客户采购决策链，销售人员要做的就是一次次跟进，去现场，找到所有的利益相关者并认清他们的角色。那些能帮你的"贵人"一定也在里面。

7.1 把谈判留到最后

至此，客户已经有购买需求，认可了解决方案，也建立了对供应商的信任，接下来就是交易了。这个时候买卖双方已进入谈判阶段，如果双方达成共识，合同就签了。如何谈判无疑十分关键，虽然本书不做重点讲述，但有必要借此梳理一下销售与谈判的关系。

销售与谈判常被混为一谈，其实两者有着本质区别。销售是一个发现、发掘和满足客户需求的过程，谈判则发生在客户有了买的想法后与供应商就彼此的交易条件交换意见（价格就是其中之一，但谈判远不止讨价还价）。销售专注于客户的问题、需求以及解决方案，与妥协或讨价还价无关，谈判则致力于价值互补和利益平衡，意味着买卖双方都有让步的准备。显然，销售在前，谈判在后，如果客户没有买的想法，供应商的任何报价都是贵的。太多的销售人员犯的一个错误是在该销售的时候却在谈判，一开始就讨论价格或者其他商务条件，而不是设法探询客户的问题和需求，呈现解决方案。每次在讲谈判课程时，我都要求学员记住一句话："除非万不得已，否则绝不谈判。"当把销售做到极致，客户非买不可，谈判就多余了。

有这样一个案例。一家悬挂式投影仪供应商授权其销售人员对购买两台以上的客户给予 15% 的折扣。新举措使销售人员有了更多与目标客户见面推销的机会，但是因为投影仪本身价格很高，即使给了 15% 的折扣在价格上相对竞品还是没有优势，因此销售依旧不温不火。供应商决定调整销售策略，把注意力集中到客户现有投影仪的使用状况。一改过去开口就是折扣的做法，销售人员只是用"非常有竞争力"这样的措辞来吸引目标客户，而没有做出任何让步。当客户问起价格或折扣的话题，销售人员回答："这取决于诸多因素，比如购买数量或最适合您的型号选择。还是先让我了解一下您的使用需求，然后就能给您一个最高的性价比。"这样，销售人员就有机会检视客户现有投影仪的状况并发现其中的问题。在一次检查中，销售人员发现客户现有的两台投影仪存在开机过热的情况，客户坦言至今已花了数千元更换损坏的零部件。销售人员当即演示了自己投影仪出色的开机温度，这意味着客户如果买新的，就可以省去一笔可观的维修费用，反而更划算。于是，客户当场就下单买了两台，甚至都没有提及折扣。

其实，改变策略后销售人员做的无非是把更多精力投放在销售上，深挖客户的问题和需求。一旦销售做到位，价格便不是障碍，谈判也会轻松些。接下来一个案例则说明，消除客户的顾虑远比试图降低你的价格有效得多，同样，这意味着此刻应全力把销售做好。

◎ 案例 7-1 是谈判重要，还是消除客户风险有效

两家小公司在竞争一大型电脑企业的中央电子文档系统的订单。客户担心在瞬息万变的 IT 产业，这些小公司可能不会长久生存。考虑到这项

采购涉及几十万美元，客户自然放心不下，害怕买了系统以后得不到供应商的支持，因为他们迟早可能出局。

这种顾虑不便轻易表达，因此如同经常发生的那样，客户选择了一种最容易的脱身方式，提出价格问题，不愿继续与他们打交道。

其中一家小公司把客户的话当真了，继而修改它的建议书，咬咬牙价格又降了4%。这一做法对客户的效果适得其反。"他们一定是孤注一掷了，这是一个糟糕的信号，我们最好离他们远点儿。"这是客户采购部门达成的共识。

另一家公司采取了不同的策略。"我们的系统要比那些大公司便宜，"公司的管理者说，"所以价格应该不是问题，而只是客户某种顾虑的烟幕弹。我们最好找到真正的问题所在。"通过探询客户对采购风险的关注，他们明白客户其实是对自己这类小公司的经营稳定性有顾虑。于是，公司采取了一系列行动安抚客户，包括安排客户与公司的投资人见面，与现有用户进行会谈，了解系统使用效果，并让客户私下查阅公司的订单记录。终于放下了包袱的客户最后签订了合同，价格维持不变。

总之，谈判是签单前的最后一道工序，无法取代销售本身。现在，让我们重新回到销售的起点，从客户切入策略的角度找出项目签约的一条完整路径，从如何跨进客户的门槛，到找出不同角色的关键人，直至最终获得订单。这是在前几章讲述解决方案式销售的策略、技巧等要素的基础上，进一步研究销售的过程管理。解决方案式销售面对的多为大客户，采购周期长，决策人员多，评估标准严，购买风险大。开发这样的组织或项目，绘制一张清晰的行进路线图是必需的，确保我们能够找对人、说对话、做对事、拿对单。

7.2 客户切入的路径

通常认为在大宗生意销售中，卖方必须认定客户中影响购买决定的四

个关键人物、他们的作用以及对每个影响者来说什么是重要的。这种信息
在大宗购买中尤其重要，原因是每个人对决策都有话语权，又各有其利益
诉求。这四类关键影响者分别是：

- 投资者：手中握有财政大权，往往是高级管理者中的一员，拥有
  最后的决定权，但不直接参与购买流程。
- 看门人：为投资者做"审查"工作，将产品与采购标准进行比较。
  采购专员、技术专家等往往扮演看门人的角色。
- 使用者：要与你的产品一起工作的人，日后会对产品做出具体评价。
- 教练：站在你这边，在销售过程中引导你，帮助你应对关键影响
  者，并且提供有用的信息。他们是一笔财富。

了解四个关键影响者对建立销售关系非常重要。每个影响者（投资
者、看门人、使用者、教练）都能对你的销售成功构成影响，因此取得每
个人的支持是重要的，要完成一次销售，你必须得到每个人的肯定。

然而，要进入大客户的销售迷宫，卖方首先必须找到跨入对方门槛
的路径。以专业术语来定义，也就是客户切入策略，否则后续对客户购买
过程的认知和影响也就无从谈起。与关键影响者的界定类似，在制定切入
策略时，我们也需要对潜在客户的"人物链"有一个清晰的识别与对策。
SPIN 销售模式的创立者尼尔·雷克汉姆经过研究认为对卖方而言，每个
新买家都可能存在三个不同的接触点，若能在这三个不同的接触点中找到
协作者，循序渐进，各个击破，成功的概率便大增（见图 7-1）：

- 接纳者：买方中最乐于接待、聆听或提供信息的人或部门。
- 不满者：买方中最可能有问题或对现状不满的人或部门。
- 权力者：买方中最有权力批准、阻止或影响交易的人或部门。

在简单销售中，客户一个人就可能兼顾接纳者、不满者及权力者三种
角色。在这种情况下，客户很愿意接纳你，有你所能解决的问题，还有做
决定的权力，切入过程就相对简单。在更多复杂的销售中，以上三种角色

大多分属不同的人或部门——最愿意接纳你的人可能本身没有问题，或有问题的人可能没有权力来决定购买。

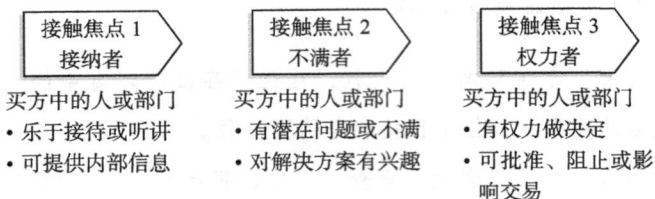

接触焦点 1 接纳者	接触焦点 2 不满者	接触焦点 3 权力者
买方中的人或部门 • 乐于接待或听讲 • 可提供内部信息	买方中的人或部门 • 有潜在问题或不满 • 对解决方案有兴趣	买方中的人或部门 • 有权力做决定 • 可批准、阻止或影响交易

图 7-1　客户切入策略

由于每个焦点人物或部门都有其不同的优先考虑、感觉、意图及想法，因而他们的决策依据及处在决策过程中的哪一阶段也各不相同。有经验的销售顾问了解这一点，销售策略因人而异，从而使每个接触点上的人物或部门都能成为帮助自己销售的协作者，共同达成有利于成交的决定。

7.2.1　寻找接纳者（取得信息与引见）

如果你试图切入一个新客户内部，一个最容易的（当然也是最幸运的——如果你能做到的话）的途径是找到一个"接纳者"（不管是一个人还是一个部门）愿意聆听你的介绍并提供帮助。也就是在这一点位上，你最有可能在客户内部找到你的第一个协作者。人们愿意接纳可能出于各种原因，例如，他们可能对你的产品技术感兴趣，也可能在先前有过对你的产品或服务的良好印象，或者这种兴趣仅仅出自想与新事物保持同步。接触这类人的目标有两个：

● 取得客户内部信息（组织架构、关键人员、竞争对手等）。
● 为下一步接触不满者寻找机会和渠道。

成功销售人员的客户切入路径时常是从在客户内部找到一个接纳者开始的。他们常常问接纳者诸如"您知道在贵公司哪些人或部门在这一领域存在问题""能否引见我去见他们",或者"您已经同意这是一个很好的解决方案,那么贵公司哪个部门可能从中获益呢"一类的问题。通过这种方式,他们在努力使用接纳者这块跳板到达下一站,即不满者。

如果足够幸运,你可以很快找到一个协作者,但现实远非那么理想,找到这样一个人或部门往往需要不懈的努力。前面章节的案例中,一家名不见经传的国内空调企业最后能出奇兵,引入地源热泵热回收机组的概念,打节能环保牌,做差异化营销,就是因为有了一个接纳者(客户的项目工程师)指点迷津,从而对接项目负责人对政绩的利益诉求。事实上,要找到一个能够帮你的接纳者并非易事。北元电器是国内一家专注低压电器元件研发、生产和销售的高新技术企业,研究他们的项目案例,可以知道在这个同质化竞争激烈的市场,销售人员拿单需要加倍地努力。

◎ **案例7-2** **北元电器的客户切入路径**

项目背景

某学院教工公寓项目分为南校区和北校区,总建筑面积近10万平方米。投资方(即甲方)是学院。设计方有两家,A设计公司做南校区,低压开关上图的是北元;B设计院做北校区,低压开关上图的是竞品。

人物介绍

高院长,项目分管副院长

于处长,基建处处长

黄处长,基建处副处长,分管设备和招标

张主任,负责后期的电器运行维护

刘科长,分管南校区,基建科科长

马科长,分管北校区,基建科科长

刘老师,基建处资料员

宋工,监理

跟踪过程

按以往经验，这么大的项目，学院一定会指派基建处负责。销售人员直接前往学校寻找基建处，拜访了于处长、黄处长，介绍北元电器的基本情况，并且把资料留给了刘老师（刘老师在基建处负责资料收集工作）。于处长说低压电器这块他们不负责，大包给了施工方。销售人员思忖客户这是在敷衍，决定去工地现场一看究竟。南校区和北校区的工地都跑了一遍，刚开始挖地基，甲方办公室房门紧锁，没有人。

过了两周，销售人员又来到学院工地。这次在南校区工地见到了刘科长。在简单沟通后，刘科长说可以考虑北元电器的产品。出了甲方办公室，销售人员转身又来到监理办公室，认识了宋工，宋工看起来四五十岁，特爱抽烟。当时销售人员带的烟已抽完，于是下午买了一盒玉溪香烟，回到监理办公室，打开了宋工的话匣子。

宋工告知眼前这个一脸真诚的销售人员在工地上找人没用，必须去他们学校的基建处找黄处长、于处长和高院长。当问及电器这一块应该找谁，宋工说他也不清楚谁具体负责，只知道他们管事。一番会谈下来，销售人员认清主攻方向还是学校的基建处以及这个项目的分管副院长。但是刘科长也不能放弃，毕竟他是甲方的基建科长，可以进一步接触，发展成为协作者。后来销售人员也去了一趟北校区工地，甲方负责人是马科长，见面效果一般。

在接下来的跟进中，销售人员工地和学院两头跑。在工地拜访刘科长，力争得到对方的支持，发展成内线；在学院拜访基建处，增加其对北元电器的了解与印象。一天晚上，销售人员约刘科长共进晚餐，对方来了四个人，其中一位是基建处负责资料收集的刘老师。刘老师大约50岁，说她有一个儿子，刚毕业不久，现在也在一家公司做销售，说干这行不容易，很辛苦。

一顿晚餐，和刘科长的关系没有取得多大进展，反而与刘老师拉近了距离。销售人员以后每次去基建处拜访，刘老师都相当热情，处长在则引见，不在会详细告知去了哪里。面对这个像她孩子一般大的小伙子，刘老师点拨说这个项目应该主要找黄处长。黄处长直接管设备和招标，于处长负责全局，高院长是项目的分管院长，主要负责立项审批，不管具体的设备。

之后，销售人员重点公关黄处长。转眼过了春节，销售人员了解到项目要在3、4月份招标，于是和主管一起又前去拜访。办公室门锁着，通过刘老师了解到，黄处长办事去了，应该很快就能回来。过了十多分钟，黄处长果然回来了。见了面，说打个电话请张主任来一起谈。张主任主管后期的电器运行维护，后来进一步了解到他负责这次招标的电器技术审核。不巧，张主任不在学校，黄处长便把电话号码留给了销售人员。离开基建处，销售人员立即拨通张主任的电话。由于之前有引见和铺垫，电话沟通相当顺利，并约好了晚上再见面交流。

4月份，项目开始招标，南北校区一起招标。最终，低压开关统一指定用北元品牌。

可见，没有一个接纳者在为你守候，除非你足够努力。当面对一个未知的客户采购决策链，销售人员要做的就是一次次跟进，去现场，找到所有的利益相关者并认清他们的角色。那些能帮你的"贵人"一定也在里面。在本书前文讲述"3+5"利益法则时，论及客户个人层面的5种利益诉求，其中之一是归属感。客户说"不"是不需要任何理由的，只是因为对你没有归属感，意味着销售刚开始。归属感的建立归纳成一个等式，是"主动跟进 + 与人交心 + 售前服务"，这同样适用于接纳者的寻找。客户是需要"粘"的，主动跟进就是粘住对方的手段；客户是讲感情的，交往、交心、交易，这是销售的必由之路；客户是用来感动的，所以还需懂得先予后取，让客户因为你的服务而心动和行动。当做到这些，接纳者（你销售中的贵人）一定会出现。

接纳者固然重要，但谨记当接近这类人的时候，必须清楚你的目标。访问这类人，换一种说法，也就是对方没有任何问题或不满，也没有决定权，你的目标应该定位在了解客户信息和为下一步接触不满者寻找机会。

否则，前期所有的努力都可能是徒劳的，这归因于和接纳者打交道时常见的三种错误和危险。

1. 偏轨

接纳者很可能使你偏离本应该做的更有效益的销售活动。与一个愿意倾听的人交谈总能让人身心愉快，这意味着你可能一遍又一遍地去拜会这个接纳者，即使销售没有任何进展。所以，牢记这个阶段的销售目标十分重要，即了解信息和取得深入的机会。如果你发现销售无法推进，就不要让自己在与接纳者的接触中偏离轨道。仅仅因为对方很友好而在非关键人身上耗费过多的时间在实际销售中屡见不鲜。

2. 错判

不要把个人和公司混为一谈。接纳者对你示好并不意味着你在买家的其他地方同样能受到这样的"礼遇"。通常而言，处在"不满者"或"权力者"接触点上的那些人或部门不如接纳者那么友好。很多销售人士往往因为能够与接纳者称兄道弟，就对这个目标客户充满了期待——事实上是一种膨胀的预期。这可能导致销售目标的设定不切实际，或者当他们最终有机会接触到不满者或权力者的时候，却因为反差太大而失望至极。

3. 解说

如果有人很愿意听，你可能很愿意讲。因而在与接纳者打交道时一个容易犯的错误便是销售者一口气说到底——把讨论变为演讲。尤其当对方对你的专业技术饶有兴致时，这种情况更易发生。他可能会有许多细节性的问题来问你，到头来，你发现自己整个会谈都在演说和回答问题，结束时客户知道了你的一切，而你却对客户一无所知。如果让这种情况发生，那么你在浪费时间和机会。在这个阶段，你的角色不是解说员，而应该是一个探询者。

记住，即使是销售经验丰富的老手，也常常会被接纳者的友善和高调误导，结果是竹篮打水一场空。一位老销售坦言有一个客户他跟了几年，对方一直很乐于见他，而且总是称道他的工作，并在会谈之后都会发来邮件说有多愉快。直到最后，他才猛然意识到这几年一分钱生意都没同客户做成，因为对方根本没有他能解决的问题。

◎ 案例 7-3　　　　　朋友不等于生意

常说在家靠父母，出门靠朋友。在外闯荡，没有熟人恐怕很难。不过，在生意场上，这句话有时可得掂量一下。

很多自立门户的创业者似乎都有"人走茶凉"的感叹：在位时，客户也好，供应商也罢，相处甚欢，也大多乐于帮忙，可出来创业了，再找到他们，却已没有那份温暖。错在哪里？怨天尤人是没有用的。人出来做生意，总不免想着先把原来公司的客户挖一些过来，可谓近水楼台。但你想过没有，这些真是你的目标客户吗？如果你一而再再而三地无功而返，你是否想过症结何在——仅仅一句"人走茶凉"的叹息显然不能解决问题。

一位技术精湛的工程师离开了他原来的公司自立门户。第一项任务自然是寻求建立业务关系，于是他开始逐个拜访自己原来公司的客户，因为他现在做的还是老本行。工程师的技术和造诣在业界很有名气，所以当他与这些原来的熟人会面时，对方显得十分热情，许多人甚至用美酒佳肴款待他——在工程师看来，这是买家的积极信号。当然，席间对方少不了向他请教许多技术和工程知识，这使工程师备感愉快，认为自己正在买家心中建立起声誉，这最终将有助于生意的达成。

半年过去了，工程师还是在拜访相同的人，对方也仍然热情地接待他，请他共进午餐，但没人给他订单。工程师找错了对象——仅仅热情、接纳是出不了订单的，朋友与生意之间不存在等号关系，你必须找到不满者和权力者。工程师一直见的这些人没有对现有产品的不满，也没有需要他帮助解决的问题，而工程师的错误就在于以为找到一个友善的接纳者就能实现客户切入的目的。如果他在销售上的经验也像他的技术一样强的话，他或许早就会想方设法借助这些接纳者找到不满者——他会问这些朋友谁在公司里是产品的使用者以及有什么他可以帮到的地方。但就像大多数技术专家一样，令他最愉快的事是与那些对技术感兴趣的人长谈。这是起点，最后却也成了终点。

因此，把握你的客户切入策略非常重要。当接近被视为接纳者的人群时，销售人员必须时刻记住两件事——了解客户信息和为下一步接触不满者寻找机会，否则你只能在原地踏步。

7.2.2 对接不满者（发现问题与需求）

在制定客户切入策略时，以解决客户问题为出发点来考虑如何推出你的产品是一种十分有效的销售思维，因为这能引导你努力接近客户中能帮到你的三种类型的协作者之一——不满者。想成功地渗透进客户内部，你得找到其中的一个人或一个部门，他对现状有所不满，而你正是能解决问题的人。如我们前面所说，成功的销售人员懂得巧妙地利用接纳者为自己指路进而找到不满者。因为他们以解决方案为导向，所以这些销售行家总是在四处寻觅买家的问题和不满。

前文在客户需求调查阶段专门讲到了"满意"的客户。销售人员遇到的一个典型的境况是："我去客户那儿，可对方说很满意现在的供应商，不需要我们！"这是销售人员最不想听到但实际听到最多的一句话。如何应对？第一条对策就是找到客户内部的"不满者"。埃克森美孚石油公司的一个销售代表想把产品卖给当地一家大型工厂。工厂的采购代理认为现有供应商的价格比埃克森美孚低，又合作多年，拒绝更换。经人引见，这位销售代表拜访了工厂的实验室和原料检验部门，结果发现了问题和不满。最后，埃克森美孚公司成功地打进了这家工厂。"除非你有特别的价格优势，"老练的销售代表说，"否则你必须在客户那里有朋友。这个朋友不是别人，就是正在使用你竞争对手的产品且发现问题最多的那些人和部门！"

现在应该明白了，"那些人和部门"就是不满者。当客户说"不"时，不等于这扇大门就关上了。客户不是一个人，采购说"不"，不代表所有人都满意，别忘了"客户的客户"。在埃克森美孚的案例中，工厂就是代理商的客户，而在一个工厂内部，市场、销售、生产、质检、研发、财务等部门（当然还有高层决策者）都可能是采购部门的客户。找到他们当中的不满者并让他们有改变现状的需求，即意味着搞定了"客户的客户"，订单就不那么遥不可及了。

因此，在客户切入策略上，对不满者这个接触点，你应该牢记两个战略目标，以使它们成为你的协作者：

- 发现、发掘问题和不满，使客户产生行动和改变的愿望。
- 利用被开发出来的不满，达到接近或影响权力者的目的。

◎ 案例7-4 壳牌如何应对"满意"的客户

客户背景

一客户主要生产建筑门窗类、工业型材类、特种铝合金型材类等产品，在国内为行业知名企业。其设备主要是铝挤压机，有达涅利、宇部等品牌，吨位600～6000吨不等，现有大型铝挤压机设备31台。

用油情况

现使用竞品液压油，一年半左右保养一次，年平均使用量500桶左右，主要用于设备保养和平时添加。现有供应商与这一客户合作10年，把这一客户列为重点客户。

采购流程

设备部申请，采购部购买，品技部审批，品技部总监统管设备和采购。

销售历程

（1）根据客户公司的内部制度规定，设备部不直接与供应商接触，新的供应商引进事宜由采购部负责。采购与现有供应商关系非常好，壳牌经销商约见拜访时一再抵触拒绝。销售人员通过其他设备供应商了解到，客户将安装新的挤压机，意味着有新的液压油需求。

（2）壳牌经销商通过其他设备供应商获取了客户总经理的电话并预约拜访，总经理打发来电者和生产经理联系。接下来与生产经理的一次通话使壳牌有机会了解到客户油品的采购流程以及设备总工和品技部总监的联系方式。

（3）随即拜访品技部总监和设备总工，阐述壳牌品质及经销商的管理制度，了解客户的设备数量、润滑要求、目前油品使用情况以及近期的采购计划和对润滑效果的期望。壳牌经销商向客户提出了品质对比和服务优化的建议并会提交方案。于是双方约定了下次会面的时间。

（4）再次拜访，提交品质对比和售后服务方案，从品牌、质量和售后服务等多方面阐述壳牌如何降低润滑成本，被客户接受并列为备选，随即告知油品需求数量和时间，并期望壳牌做好库存，达成了初步合作意向。

（5）次周，客户一台1800吨位的铝挤压机出现水泄漏故障，导致油品乳化，无法正常生产。壳牌的技术工程师第一时间赶到现场，针对设备问题拟定了一套解决方案，并协助客户寻找污水处理的途径。客户非常满意，随即要求壳牌经销商提供换油方案（含油品和服务），达成12KL液压油首单。同时，客户要求壳牌准备两台1000吨位的铝挤压机14KL液压油库存及换油计划。

这是在壳牌培训课上研讨的一个案例。壳牌销售人员一开始遇到了"满意"的客户——采购部，随后通过努力，找到了接纳者——其他设备供应商（可见接纳者未必局限在客户内部），接着锁定了不满者——设备总工和品技部总监（总经理在这里无意中当了一回接纳者），最后在客户出现问题的时候及时出手，成功切入。这样的案例在壳牌很多。

本书前文讲述的有关客户需求调查、产品方案呈现等环节的策略、技巧、方法几乎可以全部用在这类人身上。"解决方案"是解决客户问题的方案，而解决问题的前提是有问题，或者客户对现状不满。客户需求调查正是试图发现这些问题、困难和不满，并让他们萌生解决的意愿。需求是成交之本，问题是需求之母。这是对销售原理最好的诠释。没有完美的客户，销售始终有机会基于自己企业的特定资源或优势，通过解决客户问题赢得订单机会。

客户的需求在哪里？在于客户最关注的三类人——客户的客户、客户的对手、客户自己。销售就是在这三个领域中发现客户问题，提供解决方案。这里可以再一次温故知新：

- 客户关注他们的客户，需求在于如何获取自己的市场开发机会，提高销售额，增加利润率，建立他们客户的满意度或忠诚度等。
- 客户关注他们的对手，需求在于如何建立竞争优势，走差异化路线，做创新的产品，巩固或提高自己的市场地位、行业排名等。
- 客户关注他们自己，其实就是持续改善企业运营的需要。在评估、选择供应商时，客户大多会从采购成本、交货保障、产品性能、服务支持等多方面进行考量。

7.2.3 接触权力者（聚焦对策与商机）

接纳者是客户中愿意聆听、提供信息和帮助的人或部门。如果客户中有接纳者存在，你的叩门将变得轻松许多。不满者是产品的使用者，可能正在使用现有供应商的产品，你必须找到他们，并试图发现和发掘他们对现状的不满及改变的愿望。这是销售的突破点和转折点。权力者则是客户中对是否购买有最终决定权的人或部门。要对方在合同上签字，你必须争取他们点头。

在实际销售中，这三个角色有可能就集中在一个人身上，在这种情况下，切入过程就会简单得多（但不等于销售就容易得多）。然而，更多的客户是接纳者、不满者、权力者分属不同的人或部门，如此，销售人员就必须步步为营，全面开花，最终使这些人都成为你的协作者，签单的机会也就随之而来。

要见到权力者不容易，他们往往高高在上，所以如果机会来了，绝不能浪费。遗憾的是在实际销售中，很多销售人员会错失良机。导致失败的原因不外乎四种情况，即没有预先做好准备、没能有效控制会谈、过早与权力者会面和不切实际的期望。

1. 没有预先做好准备

不做准备是销售的大敌，在与权力者的接触中尤其如此。销售者经常等到与客户会面时搜集信息，而其中很大一部分内容其实完全可以在早先与较低级别客户成员的交流中获取，或通过客户公司的报告、网站等渠道了解。试想，如果一位位高权重者被问及"贵公司的销售额是多少""贵公司有多少产品线"之类的问题时，会做何反应？只能是由烦生厌。

2. 没能有效控制会谈

不能有效控制会谈是销售人员在权力者面前失去机会的又一个重要原因。当他们终于与权力者见面时，往往表现局促，想当然地认为应该由对方决定讲什么，把握会谈的进程。的确，权力者因为公务繁忙，看起来可能会略失耐心或急于完成会谈，身居要职的他们也常常习惯于管理和控制。但这绝不意味着你可以无所事事，听任对方把持会谈并期冀进入你所希望的领域。

一个有经验的销售人员会事先计划如何分配时间及如何在对话一开始就向权力者传递他的计划和主题。他可以说："先生，我知道您非常忙，所以我一定要保证用好您留给我的时间。如果您同意，在接下来的 15 分钟里，我想与您讨论三个问题。这三个问题是……"

与此形成鲜明对照的是，现实中的销售往往是销售人员谦恭而安静地坐在位子上等权力者发话，殊不知对方可能和你一样不知道要谈什么。结果，20 分钟的时间，18 分钟用在寒暄和无关紧要的话题上，剩下的两分钟则变成一个产品特征的填鸭式灌输。记住，不要让这样的事发生，成熟的销售人员有清晰的思路与计划，能够设定话题，引导会谈方向。

3. 过早与权力者会面

在日常销售中存在一种说法，即越早见到决策者越有利，所以最有效的销售应该直指权力者。这实在是一个值得质疑的论断。大量证据表明，对决策者能够施加最大影响力的卖方多半是那些之前已经同不满者有过会谈，对客户情况做过调查，并准备好了建议和解决方案的人。

4. 不切实际的期望

与权力者会谈最终却机会甚少，还可能源于卖方对这些人能够独自决策的能力抱有过高的期望。曾几何时，企业的文化与体制可以让高管很少甚至未经与他人磋商，直接做出决定，包括采购决定。但现在这种情况已经改变，随着管理机制的完善与扁平化趋势，在决策前讨论和商议已成为一种制度，而不是例外。虽然决策者名义上仍有签字的权力而无须征得他人同意，但在实际工作中，商议后再做决策通常更聪明，也更常见。

很多销售人员（包括那些有足够经验和见识的人）都指望决策者当场同意签约。要知道，对于大额采购，决策的权力现在很少落在一个人身上，传统意义上的影响者与决策者间的区分正在被打破。销售人员务必保持清醒，工作得从头做起。

◎ 案例 7-5   人脉不如把脉：被"抛弃"的销售新人

一位从商学院毕业的年轻人开始了他崭新的职业销售生涯。由于良好的教育背景和在商圈的人脉资源，这位新人和其他销售人员比，能争取到更多机会直接与客户中的权力者说上话。他也为此暗自庆幸。"何必跟那些下人费口舌，找决策者才事半功倍！"这是他的客户切入策略。

然而，他的销售业绩却没有因为这层关系而出色多少。虽然有机会出现在客户的决策者面前，但他不了解对方，也无法探析客户的问题并由此做出有竞争力的解决方案。他不知道如何把自己的产品和客户的需求联系起来，突破点又在哪里。结果，婉拒现象屡屡发生。

这位销售新人于是决定改变策略，告诫自己务必珍惜手中的人脉资源，以免耗尽。他不再试图直接说服那些决策者——因为那样做没有用，而是先简单介绍一下自己的产品，然后问是否可以引见自己去见底下那些可能有问题的产品使用者。临走前他还郑重地向决策者承诺一定好好调研，回来后给出自己的建议。他原以为这样做会大获成功，但直到跑了一圈回来，才发现大部分决策者已不再愿意见他。

这位销售新人的错误在于在有机会了解客户、发现问题前过早地与权力者见面，这使得他在首次会谈中没有任何有力的分析和建议给权力者留下深刻的印象。当那些公务繁忙的决策者感觉这样的见面毫无意义时，他们就不会再给销售人员第二次机会了。

与此相对照，另一个案例告诉我们应该如何接触权力者。这是一个真实的故事。一家知名咨询公司的老总和他的同事因飞机晚点滞留机场，百无聊赖之际，他们和身边一位同样在候机的旅客聊起了企业管理。半个小时下来，他们发现这位绅士原来是一家大型集团公司的 CEO。CEO 显然被两位专业人士的思维和见解所打动，"我们确实遇到这样的问题，"他说，"明天到我公司来一起用午餐，我们可以谈得更多。"

这可是千载难逢的机会！咨询公司的老总以为他的同事也这样想并会跳起抓住这个机会，可这位同事却不紧不慢地说："先生，我们能否改在后天见面？"在回程的路上，咨询公司的老总不解为何把会面推迟 24 小时，他的同事回答："我们对他的问题还没有足够了解，所以明天你和我需要抓紧每分钟去见 CEO 手下的人，与他们深入交谈，以对问题有一个完整的认识。甚至在见到他之前，我们可以赶制出一个初步的分析报告，这样的会面更有效。"

7.3 切入与签约策略

综上所述，从接纳者、不满者到权力者，一个清晰的客户切入与签约路径图已然成形。基于解决客户问题的角度，尼尔·雷克汉姆对客户切入策略也做了精辟的总结。

第1步 识别在客户中，谁最有可能关注或愿意了解你的产品或服务。比如，你正在销售一种新技术产品，对此工程师可能感兴趣，而另外一个客户——生产部门的人对你提供的东西更趋接受。记住，这里仅限于关注或兴趣，这些人可能会向你提供一些信息，但也仅此而已，不可操之过急。

第2步 设法接近那些你认为愿意接纳你的人或部门，并要求会面。在接近他们时请小心行事，因为这些人没有购买权，也不愿意承诺什么。他们害怕你施压，试图卖东西给他们。所以，良好的接近方式是让他们放下心来。比如，你可以说"先生/女士，我知道作为一个食品技术专家，您不负责任何与采购食品加工设备有关的事务。我们即将上市一款你们行业里的新产品，我只是想得到一些有资历的食品技术专家的反馈。我想能否过来与您谈几分钟，解释一下我们的新产品，并就一个食品技术专家如何评判设备的某些设计请教您几个问题。"

第3步 在会谈中，谨遵你所答应的事，不要试图卖任何东西。你可以解释产品某些可能令这个接纳者感兴趣的设计或功能，提很多问题，知道对方心里怎么想。尤其要提用来了解客户内部信息的问题，比如，谁负责操作，目前在使用哪家供应商的产品。最后也是最重要的，你必须试图找到不满者在哪里，在这个客户内部，谁可能遇到问题而这是你所能解决的，眼前的这个接纳者是否可以安排一次与那些人的会面。

第4步 当确定了不满者，理想的情形是与对方有一次会谈。你应该精心准备一系列提问以发现、发掘客户的问题、困难或不满。SPIN销售法这时就成为你沟通和引导的利器。四种提问的组合（即背景问题、难点问题、暗示问题、价值问题）帮助客户检视现状，发现问题及其背后的影响，并产生解决的愿望及对回报的期望，最终把这些愿望、期望（即需求）与自己的产品、服务联系起来，成为解决方案，将销售引向成交。

第5步　与客户的一个不满者会面仅仅是开始，接下来你需要设法与更多的人或部门见面沟通，当然如有必要或可能，还要去现场，一起深度分析与诊断他们的问题、困难或不满，以使他们认为有必要改变现状并将权力者拉进来。记住，在这些会谈中，你的首要目标是进一步加剧客户的不满，强化他们对问题严重程度的看法，并认同你的产品可以带来的价值。基于"3+5"利益法则呈现你的解决方案将是你成功的指南。

第6步　在与不满者的会谈中，你的第二目标是找到一个协作者把你引见给权力者，或代表你向权力者游说。如果协作者不让你直接见到权力者，也不要气馁。比见面更重要的是权力者如何被说服这个结果。

7.4　销售进展的设计

有了路径图不等于就能径自到达终点。有经验的销售人员拜访客户前就设想好了有效的销售步骤，持续跟进，一次次取得销售进展。所谓进展，就是从接触客户开始，到最后完成签单的过程中的一个个里程碑。初级销售人员将每次与客户的访谈目标都定为签约，显然是不现实的。针对大客户、项目型的深度营销要求销售人员学会逐步推进销售过程，将最终目标分解为不同的阶段目标并不断实现这些目标，最终达到成交的终点。

7.4.1　目标设定：取得客户承诺

简单的交易（如去超市购物）只有两种结果——成交与无销售。作为商家，当然希望每次都能成交。然而复杂的交易如大客户销售、项目型销售，除了成交与无销售，还有两种可能的结果——进展和拖延。进展是买方接受使销售有所进展的行动建议，比如"好吧，下周你们先提交一个方案"；拖延意味着买方虽然没有拒绝，但未同意销售进行下去，比如"好，我们需要的时候再联系你吧"。

无疑，只有成交与进展是成功的访谈结果，也是销售人员必须全力争取的目标。进展的实现取决于如何为你的每次销售访谈设定目标，并取得客户承诺，使你始终有下一步跟进的机会。一句话，你有跟进的机会是因为客户答应了你的一个请求或建议（比如交一份提案），而这个请求或建议就是你为访谈设定的目标之一。

世界知名的销售训练机构 SALES BOARD 与著名的科特勒咨询集团（Kotler Marketing Group）曾联合研发一个名为"行动销售"（Action Selling）的训练科目，在欧美及国内流行一时。其中一个重要的行动策略就是为每次销售访谈设定"承诺目标"——由销售人员提出的且需要客户答应的事，比如预约与客户决策者的会面，提供产品试用，邀请客户实地考察，撰写、提交销售建议书，引见更多采购决策链上的成员。前文详述的从接纳者、不满者直至权力者的递进，就是需要通过"引见更多采购决策链上的成员"这样的承诺目标实现的。表 7-1 列举了销售访谈中一些常见的承诺目标。

表 7-1 承诺目标设定

新客户访谈	老客户访谈
• 确定第二次约见	• 被推荐给其他部门负责人
• 获准提交销售提案	• 更新年度合同
• 与其他人员会面	• 邀请客户外出活动
• 举行技术交流	• 与客户签署设备服务合同
• 邀请客户参观考察	• 说服客户试用新系统
• 提供产品试用	• 取得客户转介绍
• 进入招投标名单	• 安排高层会晤
• 签订项目意向书	• 签订战略合作协议
……	……

销售人员的主要任务就是获得客户的承诺，这也是他们获得雇佣和薪酬的原因。持续稳定地获得客户承诺，做到"进门之前有目的，出门之后

有结果",销售周期可以缩短,客户对你的建议和方案也会更有信心;反之,不设定承诺目标,销售拜访后就没了下文,客户对下一步要做什么也感到困惑,导致销售效率低下和机会流失。

◎ 案例 7-6　　　　　销售进展的预案设计

卖方为药用胶囊生产商,提供一流品质且价格不菲的空心胶囊产品。目标客户联系人是公司采购部主管,最终决定权在生产运营总监手中,而他也需要考虑各部门主管的意见(采购、生产、质量等)。目标客户有七个胶囊品种,采购潜力巨大。在见客户联系人前,销售人员正在考虑如何通过这次访谈获得下一步跟进的机会,即设定承诺目标。

一个目标是不够的,客户未必答应。可以设定多个目标作为备份,这样取得客户承诺的可能性会大大增加。这些提请客户考虑和答应的目标包括:

- 请公司销售副总出面,创造与对方生产运营总监见面的机会。
- 邀请采购主管与公司的两个忠实客户共进晚餐,请老客户现身说法。
- 请公司的生产或质量主管前往,与对方同部门人员接触沟通。
- 组织对方参加即将到来的全国医药展览,在那里公司有展区和酒会。
- 请客户联系人协同其他人员参观考察工厂。
- 派公司工程师前往,查看充填机使用情况,并做现场指导和保养。
- 在现场举行一个小型的产品介绍会,借机与其他部门主管见面。

归纳起来,销售进展的取得主要有以下四个步骤:

(1)选择一个你准备近期访谈和跟进的客户。

(2)找出能够取得销售进展的多种设想、建议或步骤。注意,选择那些买方更容易接受的"小步骤",以此设定访谈的承诺目标。

(3)实际访谈中根据客户反应和需求灵活变通,增加实现目标、取得进展的可能。

（4）拜访结束后，对照既定目标与实际的访谈结果，检视你取得的进展，以及下一步如何行动。

7.4.2 有效跟进：提升客户关系

在项目跟进中，有两个事项特别值得销售人员关注：一是关键人物识别，二是客户关系发展。这决定了跟进的效率与订单的赢率。

1. 关键人物识别

客户内部的人员繁杂，要求接触的程度不一，纵然同为不满者，其对公司的影响力也各有千秋，得有一定的标准去界定与区分。以权力影响为横轴，职位头衔为纵轴，大致可以把客户人员分为四类（见图7-2）。

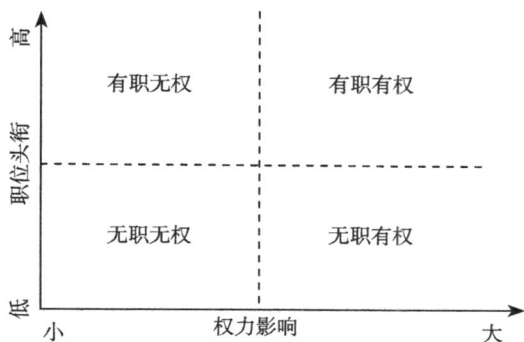

图7-2 客户权力分类

（1）有职无权。有头衔，但没有实际权力；有建议权，但没有足够的影响力完成决策；在政治关系中处于边缘位置，或在最近的权力游戏中失利；在组织内不被重视，只扮演副手或者旁观者的角色。

对策：对这类人可视情况发展成为接纳者，通过浅接触或多接触，获取尽可能多的客户内部信息（组织架构、关键人员、竞争对手等），为下一步接触有影响力的不满者或权力者寻找机会和渠道。

（2）有职有权。在组织体系中起主导作用，有决定权或一定的批准权；被大多数人所认可并遵从，主导项目规划及资源分配；有明确的工作目标与利益诉求，担负团队支持重任，关注项目成果与风险。

对策：这类人可能是权力者，也可能是某些不满者，需要深接触。一方面试图发现他们的问题与需求，提供解决方案；另一方面全力提升双方个人之间的关系和信任，建立客户的归属感，在主动跟进、与人交心、售前服务等方面下功夫。"3+5"利益法则在这里可以成为行动指南。

（3）无职有权。未必没有职位，只是看似与采购关系不大，但实际上对购买决策有很大的影响力。通常是有职有权者的亲信或被重视、信任的人，或在某一专业领域是解决问题的专家，他们给予建议，受到尊敬，也包括外部人员（比如在基建项目中，设计院的设计师就有可能是"无职有权"类型，可以推荐某个品牌的电气产品或暖通设备）。

对策：他们是一群特殊的权力者，站在幕后，需小心对待，尤其当无法见到高高在上的有职有权者时，必须设法多接触或深接触。同与这类人打交道相比，更难的或许是如何能够快速、准确地识别他们，错过就意味着丧失机会。

（4）无职无权。人微言轻，或与采购项目无关，或只是一个当差的。总之，没有职权，对决策也没有任何影响力。

对策：如果能发展成为接纳者，需要多接触，否则可以浅接触或不接触。毕竟，"二八法则"告诉我们80%的时间要花在20%的关键人物身上。

一家主营工业电器的民营企业集团计划为公司数百名销售人员引进全员学习课程，跨越整年，可谓意义重大。为此，企业专门从兄弟单位调来一位人力资源总监负责该项目，联络培训机构，接待来访，组织训前调研，颇为忙碌热闹。最终能在合同上签字的是集团公司的销售总经理，不过因为事务繁忙，基本不露面。于是，培训机构全都盯着人力资源总监，以为他就是权力者。后来知道，真正做决定的是一个大学毕业就来到公司、跟了销售总经理十年的行政部经理，而几乎所有培训机构都忽略了这个人。显然，他就是无职有权者，那位人力资源总监则是一个风光的有职无权者。当见不到销售总经理（有职有权者）时，谁能在第一时间识别和搞定这个年轻的看似与培训无关的行政部经理，谁就能成为赢家。

2. 客户关系发展

对客户内部有着不同职权与影响力的人群，可以选择深接触、多接触、浅接触、不接触，由此形成的客户关系也会出现等差，分为认识、约会、伙伴、同盟四个等级。对关键人物（有职有权者或无职有权者），关系级别自然要求高些。

（1）认识。这是客户关系发展的第一个阶段，包括电话交谈——通过电话、短信等与客户联系，寻求销售机会；客户拜访——在约定的时间和地点与客户会面，进行业务交流；商务礼品——带去印有公司标识的小纪念品，价值在法律和规定允许的范围内。

特征：销售人员对客户停留在印象阶段。虽然见过面，但对客户背景与个人特点一无所知。接触次数较少且不深入，平时想不起客户，如果业务中断，联系也就没有了，最终忘得一干二净。

（2）约会。销售人员与客户有互动，邀至第三方场所，进入客户关系发展的第二个阶段，包括商务招待——与客户吃饭、喝茶、娱乐等；参观考察——邀请客户到公司或现有用户处参观和考察，或举行技术交流；售前活动——为客户提供各种服务和帮助，或提供产品测试、样品试用等。

特征：对客户有基本了解，关系停留在工作层面。能记住对方的个人背景，见面无须客套，逢年过节不忘问候，但基本没有私人交往，遇事客户还是"公事公办"。尽管如此，熟人好办事，可以省去不少人际沟通的预热工作。

（3）伙伴。客户关系发展的第三个阶段，获得客户个人明确和坚定的支持，包括私人交往——与客户及其家人有私交，参与客户私人活动；亲密活动——与客户一起的单独活动，包括购物、旅游及休闲；情感关怀——了解客户生日、教育、家庭、工作等信息，做出表示或施以援手。

特征：关系进入友谊阶段，相互信任与支持。对彼此的经历、喜好甚至家庭情况都有了解，有共同爱好与兴趣，谈话投机。业务上有利益冲突时，能坦诚相见，甚至出手相助，寻找双方都能接受的方案，不计较一时得失。

（4）同盟。客户关系发展的第四个阶段，客户愿意采取行动帮助销售人员开展活动，包括：提供情报——向销售人员提供源源不断的情报和指示；充当向导——客户乐于帮助销售人员引荐同事和领导；协助销售——在客户决策的时候能够站出来坚定支持己方方案，担当导师。

特征：两人之间无话不说，同甘共苦，了解对方内心世界。家庭成员经常互访，可以将家庭要事托付给对方。遇到困难或在做重大决策前，经常征求对方意见。关键时能提供无私帮助，甚至不惜牺牲自己的利益。

项目越大，竞争越激烈，供应商与客户的关系级别要求也越高。对于那些需要深接触、多接触的有职有权者、无职有权者，通常关系要做到"约会"以上，理想状态达到"伙伴""同盟"。对于可以发展成内线的有职无权者、无职无权者，也力争要做到"约会"级别。从"约会"到"伙伴"，这是普通销售人员与优秀销售人员的分水岭。普通销售人员大多能做到"认识"，好一点的可以"约会"，但高手能继续往前推进，与客户成为"伙伴"甚至"同盟"。这不仅取决于销售人员的意愿或努力程度，还依赖他们的交往能力与个人魅力，其中，情商不可少。本书前文在解析"3+5"利益法则中的"归属感"时已对情商有过论述。有情商之人，始终有关注他人情感的意愿，解读他人意图的能力，并且能够给出感同身受的回应。说到底，情商是一种对别人的在乎和爱，是为他人着想，视客户为情人，如此，才能善解人意，动人心扉，让客户失去免疫力，产生归属感。没有情商的销售人员机会至少减半，与客户的关系也至多限于"约会"。

axxon是中国流体控制化领域的一家主流制造商，设备主要用于高端制造业中的点胶密封、涂层涂敷、定点灌胶、高精密非接触喷射及填充等作业。他们遇到的每个客户几乎都涉及多个部门，需要找到切入路径与识别关键人物。

◎ 案例 7-7　　axxon 如何为"小众"服务

客户背景

国内一家提供电子零件整合设计与制造服务的主流厂商，为其下游客户提供专业线束产品、印制线路板（PCB）组装产品、集成模组（Sub-unit）、电子零组件、成套产品及整合服务解决方案，被广泛应用于医疗器材、新能源、汽车电子、工业控制和消费性电子等领域。

项目情况

客户需增配一条生产线，应对北京几个重量级客户的 PCB 板三防涂覆工艺，目前已有桌面喷涂系统的性能及产能已不能满足要求。axxon 通过三防漆厂家了解到客户的这些情况，联系上负责设备调研的何工，知道目前中国台湾地区的几家厂商都在找客户洽谈，也提交了相关方案，其中一家厂商更是已将设备卖到了客户的江阴基地。

销售跟进

通过多次现场拜访，axxon 摸清了客户的组织架构：从生产人员、设备维修、工艺工程师、设备工程师、PCB 车间厂长、战略采购直至总经理，包括每个人的位置，所关心的问题与想法等。销售人员明白不可能做出满足所有人的方案，必须聚焦关键人物，对他们提出的问题逐一记录在案。同时提升接触、互动频率，加大与这几个"小众"的亲密度。axxon 清楚，让客户与自己在一起的时间越长，投入的精力越多，了解的程度越深，就越有可能被选择。日久生"情"，心理距离更近，关系级别也更高。

签约路径

随着调查的深入，axxon 锁定了客户的两大难题：一是在小批量、多品种生产中，工装夹具频繁的更换，产能严重不足、产品稳定性较差，多次受到下游客户的投诉；二是员工生产环境恶劣，喷涂岗位的工作对人体有一定危害，工人招聘困难。对此，axxon 提出了"靶向治疗"方案：①建立单独的喷涂间，达到有效通风。设备采用外围整体包裹，最大限度地防止雾化的三防漆挥发，对人体造成危害。②优化设备编程工艺，针对小批量、多品种生产，可进行快速编程，程序支持 CAD 导入，预留二维码扫描接口，与客户一同解决万能工装的设计。

方案的有效性与性价比得到了客户关键人员的认可，在大幅降低采购成本的同时，为客户提供了生产效率与员工健康的定制化解决方案。最后 axxon 一举超越中国台湾地区、美国的几家竞争对手，成功签单。

第 8 章

实施过程管理

> 销售不能太过功利，也永远没有终点，必须做到一如既往，善待客户。供应商屡屡在项目实施阶段出问题，说到底是一种责任的缺失与不作为，少了对客户的敬畏和感恩。

8.1 为什么"风雨总在阳光后"

一次在培训课堂上，一位三星中央空调的经销商学员感慨："每次合同签了，压力反而更大，因为接下来的安装、调试与交付一定会出现状况，如何协调、解决将直接决定项目的成败以及今后与客户的合作能否延续。"

这样的言论并非危言耸听。对解决方案式销售这样的复杂产品或大额交易，签订合同绝不意味着项目完成；相反，这一刻甚至预示项目的真正开始。在后续的实施阶段中，你的产品或服务会经历一个被引进、安装和评估的过程，其间客户很可能有疑问、焦虑或不满。这时，你必须在第一时间响应，让客户知道你始终就在身边，并证明项目最终能够按照预期的目标完成。为了能够让客户满意并在日后还能有机会合作，你必须在这个阶段同客户保持密切联系，排忧解难，确保事事顺利。

可惜，不是所有销售人员都意识到这一点。他们不知道轻度的困难常会在这个阶段出现，但如果不及时处理就会变成大问题。何况为了日后的生意，卖家也不希望在项目的实施中出岔子而让客户觉得自己做了一个错误的决定。因此，成功的销售人员会时刻保持警惕，预防或及时处理可能出现的危机；不成功的销售人员在签约后却常常急着离开，寻找下一个目标，对曾经笑脸相迎的客户不闻不问。

《销售圣经》的作者杰弗里·吉特默在书中以角色置换的方式说出了此刻客户的心声："过去有太多的人给我开过提供服务的空头支票……如果我把生意交给你，而最终你却令我失望，那么我们的交易就此结束了。"曾经培训过一家全球知名的德国机械设备制造企业，在训前调研中，不少销售人员坦陈在交付方面遇到了麻烦，"客户是汽车行业的知名企业，曾采购过我们的产品，但对后期的效果不满意，这次拒绝我们参与投标，即使我们承诺给出很优惠的价格……""我们通过采购部门拿到了项目订单，但技术部门对公司人员的配合不满意，在之后的项目设计中处处作梗，给我们制造了很多麻烦……"学员向老师讨教对策，其实答案就在他们自己身上。销售不能太过功利，也永远没有终点，必须做到一如既往，善待客户。供应商屡屡在项目实施阶段出问题，说到底是一种责任的缺失与不作为，少了对客户的敬畏和感恩。

◎ 案例 8-1　　　　　前功尽弃的销售

贝女士刚从一家大型仓储公司拿下了安装自动化库存监测系统的大单。她的客户在一个广阔的地域内建有 80 个仓库，贝女士公司的设备要逐一安装在这些地点，监测超过 2.5 万个不同物品的库存情况。

在合同终于签订后，贝女士长舒了一口气，然后很快把精力转移到其他事务上。

大约一个星期后当她回到办公室，她听到来自客户物流经理的电话语音留言，要她回电。"让他也等等吧，"她心想，"这家伙在过去 10 月里让我为订单的事等了又等，现在让他等上一两天也不为过。"所以她继续忙其他客户的事，之后两三天并未回电。等到她终于拿起电话联系对方，客户毫不掩饰愤怒之情。"你最好马上来一趟！"客户说，"你们的扫描设备糟糕透顶！"贝女士有些吃惊，立刻拨通了公司安装技术人员的电话。"他们太大惊小怪了，"技术人员说，"他们没有正确输入条形码，扫描仪当然读不出来了。他们所要做的就是好好看一下操作提示，什么问题都没了。"贝女士松了口气，然后给客户物流经理回电话："我们的技术人员说了没问题。"她向电话另一头保证，"扫描设备没有任何故障，下周等我稍微空一点儿再去现场拜访吧。"

周末，贝女士意外地接到她的区域销售总监打来的电话。"一个小时内我要在办公室见到你。"对方一字一顿地说。贝女士立刻意识到有什么坏事发生了。"我们收到了你客户的诉讼函，"总监告诉他，"他们把我们的设备扔了出去，起诉我们要求赔偿损失。"这一刻是贝女士噩梦的开始。接下来几周，她都在试图努力说服客户却无济于事，同时明显感受到来自上司的压力和批评。

最后，无可奈何的贝女士提出辞职，找了一份薪水低得多的办公用品销售工作。"没做好项目让我付出了失去工作的代价。"她苦笑道。

"阳光总在风雨后"变成了"风雨总在阳光后"，其原因就在于销售人员没有意识到签单之后的困境与挑战。

8.2 实施阶段的对策

项目在实施阶段问题频出，一方面缘于卖方的不作为与功利主义，另一方面还与客户的购买心理与适应周期有关。一个陌生产品的引进与交付对客户而言可谓喜忧参半，要把这一过程做好，得学会站在客户的角度理解在实施不同时期的心理反应，并适当施以对策。

8.2.1 从"新玩具"到"烫手山芋"

尼尔·雷克汉姆与其创立的 Huthwaite 研究机构在对客户购买决策循

环（Buying Circle）的长期研究后发现，在项目实施阶段客户大多会经历三个不同的时期（见图 8-1）。

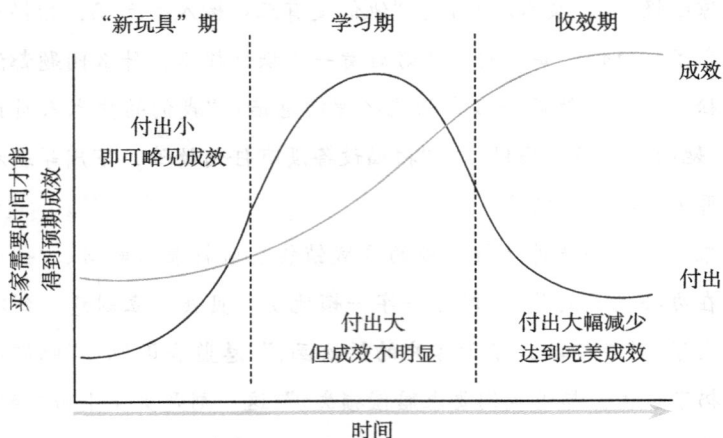

图 8-1　实施阶段分析

- "新玩具"期：买家不用付出多少努力即可掌握或得到新产品的初步成效。
- 学习期：买家付出了很大努力，但还未掌握或得到新产品的全部成效。
- 收效期：买家已经掌握或得到新产品的全部成效，付出大幅减少。

回想一下你当初购置一部新手机的心路历程吧。为了跟上潮流，你终于决定换一部全新品牌、全新功能的智能手机。快递到了，你小心翼翼地打开包装盒，拿出神器，映入眼帘的是不锈钢金属超窄边框、轻盈的机身、工艺和设计超乎想象，研究了一小会儿才找到 SIM 卡插口，还好，解决了。一切就绪，你打开了手机，高色彩饱和度屏幕令人震撼，舒适握感也让你喜不自禁。接着你捣鼓了一番，试着拨通一个电话，只为享受片刻的犒赏。此时，你完全沉浸在快乐的"新玩具"期，为自己的这次购物点赞。

不过，接下来你的心情似乎变得糟糕起来。想发短信，才发现输入法跟以前不一样了，竟无从下手。操作菜单的设置完全是陌生的，一层一层的功能键有的连名字都没听说过，像天书一般令人抓狂。原来几百个人的通讯录一时无法导入新手机，犹如置身孤岛，心急如焚。因为担心误操作，你现在都不敢随意触碰这玩意儿，除了简单通话，什么也做不了。包装盒里没有说明书，即使有看来也无济于事。一切都乱套了，原来那部老手机驾轻就熟的感觉现在荡然全无。你开始后悔起来，为什么非得换手机呢，明明是折腾自己，你甚至想到了退货或转手。此时，你已进入了最痛苦的学习期，付出了人力、物力、财力，可到头来看不到预期的回报，新手机成了"烫手山芋"。

退货还是算了。为了学会用这部手机，你折腾了一宿，上网查，又拨打免费电话，可远水解不了近渴，还得自己琢磨。第二天上班为了不耽误事儿，你无奈又启用了那部老手机。中午，溜号到市中心的手机体验店当面咨询，终于搞懂了些，回来继续"研习"。第三天，你鼓起勇气再次启用新手机，渴望新科技带来的美妙体验。慢慢地，那种驾轻就熟的操作又回归了。"辛苦点儿还是值得的，毕竟这手机好使。"你暗自庆幸，又开始为自己点赞了。此时，你已进入收效期，去拥抱和享受那份"迟到"的成果，无须再有付出。

理解了一个产品或项目从引进到交付的上述三个阶段，你就能准确地预判客户的心理反应并在第一时间处理好可能出现的问题。

1."新玩具"期

在实施阶段的初期，如同你打开手机包装盒的那一刻，客户有所憧憬，或充满好奇。在这样一个"新玩具"期，你的产品或服务还未接受真正的考验。客户也许会试用一些简单的功能操作，看到的效果也较为明显。如果他们不是特别挑剔的人，通常都会被你的产品或服务的一些特别效能所吸引。

当年施乐推出第一款带有自动装订功能的复印机时，很多公司兴趣十足，其中一款型号可在一天内装订 600 份文件。对大部分买家而言，根本就不需要这样的"产能"，但采购人员还是很好奇地前来观摩这台新机器的威力，洽谈合同事宜。当然，要求高的客户还会有不同的做法，他们会试验一些比较特别或专业的功能，但在尚未认真和深入应用之前，他们仍然会探索和试玩一下眼前的"新玩具"。

大多数人对于一个新引进的产品或项目有先睹为快的习惯，从而对所购之物有一个大致了解，也告慰自己当初购买决定的正确性。不用付出多少努力就已看到初步成效，客户为此欢欣鼓舞，激发自己更进一步去搞定那些不怎么容易的事儿。所以，"新玩具"期对于实施过程有推动作用，就销售策略而言，应该多鼓励客户去体验产品或服务的那些只需举手之劳的事儿，进而增强客户学习更为复杂一面的信心与兴趣。

2. 学习期

这是实施过程中最艰难的阶段，处置不当有可能导致客户信心的动摇。此时，就像面对一部全新而陌生的手机无从下手，成了"烫手山芋"。你开始后悔起来，甚至想到了退货或转手。这意味着进入了最痛苦的学习期。

事实上，一个解决方案带给客户的利益能够实现多少与客户付出的努力成正比。在经过"新玩具"期之后，客户开始真正地学习、适应，以期新的产品或服务能发挥最大功效。跟其他学习一样，这一阶段客户是辛苦的，如图 8-1 所示，付出大而收获少。还记得当年初学骑车的情景吗？你一开始会觉得走路反而来得快而舒适。同样，客户在学习使用一套新的自动系统时，可能会觉得还是旧的系统顺手。

这究竟会对客户产生什么影响呢？事实上，很多客户会低估学习期的困难和需要付出的努力。由于他们有立竿见影的期望，如未能达到预期，便有一种被欺骗或放弃的念头，置你于不利境地。这一时期如果你没有及时跟进或给予足够的关注，客户就会陷入"动力下降"的被动局面。

3. 收效期

当客户熟习了新的解决方案，为此付出的努力就大幅减少。犹如你已经学会了如何使用新手机，开始享受新科技带来的美妙体验。那种驾轻就熟的感觉回归了，你忍不住又开始为自己点赞。

如图 8-1 所示，由于成效尽数显现，客户总体的感觉是事情较以前容易多了。他们或许会说"我们永远不会走回头路"或"我真不明白以前我们怎么会那样做"！这表明收效期已经到来，终于可以去拥抱那份"迟到"的成果。你越顺利地引领客户走入收效期，项目的实施阶段就越成功。

◎ 案例 8-2　　　　一个失败销售人员的告白

"我最大的失误，"一位程控电话交换机的销售人员说，"是一次把设备卖给了一家小公司。刚开始几天安装和测试时，客户开心得不得了。我想当然地以为既然客户现在都这么高兴，随着安装逐步到位，他会更加高兴。当时我正在参与另一个客户的大型项目合同投标，就不假思索地把他的公司列为客户证明，我想有这样一个热情有加的客户案例，会对投标有帮助。那家大客户基本认可了我们，可非常担心安装的难度，非得要有些再保证。我自然就请对方与前几天刚购置设备的那家小公司联系，因为对方非常满意。现在我才知道，他那时正处在'新玩具'期，还没有真正进入棘手的学习期去熟习设备的全部功能操作。一个星期后，当我的大客户真的拨通电话做实证参考，情况已经改变了。那家小公司正试图对交换机设置诸如呼叫转移、预算账单等玩意儿。这些操作难度很大，客户感到非常窝火，灰心丧气。如果一星期前当还在'新玩具'期时去电话，他一定会给我一个很好的评价，可现在到了学习期，他给出了一个极其负面的评价，对遇到的困难夸大其词。我的大客户被吓到了，结果我失去了一个有史以来最大的订单。"

这个失败案例是很多销售人员在项目实施阶段最常见的策略性错误之一。因为没有意识到"新玩具"期的热切已让位于学习期的烦恼，销售人员遭遇了始料未及的危机。

8.2.2 处理客户的"动力下降"

当认清了实施阶段的三个时期后，你会更容易理解"动力下降"这个概念，它显示了一个产品或项目从引进到交付的过程中客户热切度（动力）的变化（见图 8-2）。

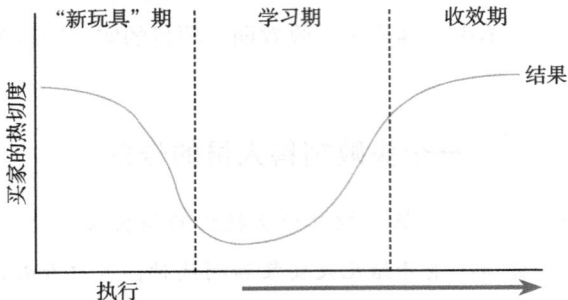

图 8-2　客户动力下降

在整个实施阶段，客户的热切度（动力）一般不会维持在同一水平。在刚决定购买之后或"新玩具"期，客户通常都抱有较高的期望和动力，但当进入学习期后，这些期望和动力便急速下降。这并非在引进新的产品或服务时的独有现象，而是人的基本心理。试想，当一个人开始接触一种新的运动或爱好时，总会非常积极，但新鲜劲儿过后，发现需要付出艰苦的努力就可能打退堂鼓。例如，节食的人再次暴饮暴食，工余自修的人还是觉得回家看电视更舒服。客户出现了"动力下降"，也是实施阶段中一个高风险期。

对客户来说，当熟习你的产品或服务得付出额外努力却不能很快见到成效，积极性会下降。然而，如果坚持或得到帮助，"动力下降"不会一直持续下去，随着成效逐渐显现，对于新产品或服务的热切度又会回升。节食者看到了初显苗条或匀称的身子，会有勇气继续瘦身。最终你的产品或服务会证明回报远大于为之付出的努力。为了能够顺利进入收效期和保持热切度，你需要帮助客户走出"动力下降"的低谷。

处理客户的"动力下降"有以下三个原则。

1. 签约前强化信心

在实施阶段，一个焦虑的客户会非常挑剔地审视出错的任何信号，也正因为焦虑，可能对一些小困难做出过度反应。你在前期销售过程中做得越好，客户的焦虑就越少，对小问题做出不相称反应的可能性也越低。如果你能使客户确信你的解决方案比竞争对手更好地匹配他们的购买决策准则，就能大大消除其决策后的焦虑。

更为重要的是你在前期建立客户信任阶段的表现。一个仍然对采购风险心存疑虑的客户多半会怀疑项目出岔子，死死地盯着任何差错，无视在实施过程中的积极成果。因此，如果你能在前期销售阶段侦测出客户潜在的不安全感（担心因买错而招致风险或惩罚），最好在签单前就解决掉，如此这些疑虑就不会在实施阶段以一种破坏性的消极反应的方式重新浮出水面。

2. 使客户参与其中

将任何变革引入一个组织都会有风险。不管计划做得多好，一个新的产品或服务的引进不免会出错。制订一个实施计划（一步一步地设计产品导入的最有效方式）对于实施阶段的成功是必需的，但是面对不可预料的因素，计划永远不等于保证。如果问题不期而遇，你如何能奢望客户还会因为你的努力而保持忠诚和满意呢？

最好的解决办法是使客户参与到实施计划的制订中。计划越是出于客户自己的想法，当某些不可预料的因素导致差错，客户就越愿意体谅。在实施阶段表现卓越的销售人员常常将客户置于制订实施计划的中心位置，把自己定位成一个帮助和改进客户想法的次要角色，而不是在计划制订中充当急先锋。

◎ 案例 8-3 让客户当自己的主角

一家知名财物咨询公司的合伙人赢得了一个新客户的大项目，涉及集团两大事业部的财物部门重组。因为这是一个极其重要的项目，他着实投入了数百小时的时间来计划第一个事业部的实施方案。这份计划可谓精致、缜密，用专业术语形容是近乎完美。不过，他唯一没想到的是在详细规划的过程中让客户参与进来。结果，当新系统的导入不可避免地比客户预想的要困难时，"动力下降"出来报复了。事业部的执行官对新系统非常挑剔，合伙人被迫投入他的全部时间在会上一次次地解释新系统并为实施方案的合理性进行辩护。在付出了巨大努力、耗费两个月的全日工作时间后，他才帮助客户走出低谷，使得新系统开始产出应有的回报。

尽管在第一个项目中死里逃生，这位合伙人警觉地意识到更大的麻烦在等着他。由于在第一个事业部投入了超额的工作量，他已经没有时间为第二个事业部"生产中心"制订一个详细的实施方案。而且这个事业部的组织架构与其他部门有很大不同，不可能借用之前精心设计的第一套计划。合伙人陷入了困境，没有足够的时间来规划，"生产中心"的项目实施一定会搞砸，更何况在第一个项目中即使已经投入了数百小时做计划，到了实施阶段还是闹心事不断。

现在，面对时间缺口和这个以习难、不合作闻名的"生产中心"，合伙人已经预见到了终将到来的失败，"我已经没有时间单独制订计划了，所以得把'生产中心'的人拉进来一起搞。"他建立了若干计划小组，每个小组由'生产中心'的一名主管带队——将被新系统影响的人之一。

不出预料，由这些小组给出的实施方案令他绝望，看起来一团糟，仅有部分还算考虑周详。"完了，"他想，"他们不可能把这些杂七杂八的东西付诸实施。整个项目会垮掉，而我也会被解雇。"

计划实施确实困难重重。然而，尽管第一个事业部在这种情况下把矛头都指向了这个外来者，"生产中心"的人（因为这个计划是他们自己制订的）却对他们自己的问题担起了责任，夜以继日地攻关，使事情回到正确的轨道。最终整体实施在规定时间内完成，'生产中心'的主管弹冠相庆，祝贺自己以及这个外来者出色完成了项目。

这位合伙人最后总结道："我过去总以为一个好的计划以技术见长，

现在我明白了一个计划的好在于人们是否专注于计划的运作。一个普通但能得到人们全身心投入的计划胜过一个精美却忘了让人们参与的计划。"

3. 提早付出努力

能够把新想法、新系统有效付诸实施的人往往在实施阶段的早期就付出最大努力。没有经验的销售人员大多不明白实施的不同阶段以及"动力下降"的风险,他们在"新玩具"期就犯下一个严重的错误,认为客户看起来积极、兴高采烈,接下来的实施过程当然也会一帆风顺。所以,签单后他们对客户的关注大为减少,无法察觉出客户在学习期的预警信号。

当客户真的开始出现"动力下降",一般销售人员便不知所措了,因为他们还没有做好准备,在采取补救行动前已经浪费了太多时间,被迫投入额外的努力来平息事态。挽救一个危机四伏的项目所耗费的时间和精力远超过维护一个正常运行的项目。这不仅意味着额外的时间代价,也招致不必要的客户不满。防火总比救火好,如果及早行动,"动力下降"的解决也会容易些。

长园深瑞是国内第一代从事微机保护和变电站综自项目科研、生产和服务的高科技企业,先后参与三峡水电送出、西电东送等一大批国家重点输变电项目及重点工程。典型的项目型销售与运营使得公司在实施阶段管理方面不遗余力,也是培训课程重点研究的一个问题。

◎ 案例 8-4　　　　长园深瑞的项目实施之道

经过一番激烈的竞争,长园深瑞终于拿下某卫星局电力扩容二期工程的 35kV 高压配电设备采购项目。协议已签,可因为种种原因改造工程进展缓慢。业务人员多次拜访,了解情况,发现客户项目遇到两个问题:一是改造地址存在变数,卫星局不想在原有的变电站现场进行改造,而计划把原来的仓库改建成为一座新的 35kV 变电站,涉及切改线路,需要供电公司批准；二是虽然与业主进行过多次技术交流，但图纸审核工作一直在设计院内部走审批流程，尚未审批结束。

客户的担心也比较明显：一是当地供电公司能否同意选址的方案，如果不同意，非要在老站基础上进行改造怎么办；二是图纸审批一直卡在设计院，到底是什么原因，是因为供应商（长园深瑞）与设计院之间关系紧张，还是因为供应商提交给设计院的图纸达不到规范。

对此，长园深瑞积极应对，做了大量的跟进和保障工作。

第一个选址的问题有待卫星局与当地供电公司之间的方案处理与内部协调。长园深瑞虽无法给予帮助，但公司人员主动配合设计院和业主，在最短的时间内给出了第二套在原站址进行改造的配置方案，并积极与业主沟通，如需要对老站勘察，长园深瑞将在第一时间行动，以此扫除客户在项目实施中的障碍。

第二个选址对图纸审批问题，长园深瑞几次与设计院沟通，了解到目前图纸审批进度正常，属于审核阶段。虽然如此，公司人员并未放松，针对设计院前期对长园深瑞提交的装置图纸的要求进行总结归纳，在加强技术交流的同时，向对方输出当地区域保护装置图纸作为今后合作项目的模板。

第9章

客户关系维护

"在客户满意度方面 5% 的提高可以为企业
带来双倍的利润。"这是《哈佛商业评论》的一
个论点，而世界知名的通信研究和咨询机构扬基
集团（Yankee Group）在分析报告中指出："2/3
的客户离开其供应商是因为客户关怀不够。"

9.1 销售永远没有终点

客户关系维护（或管理）虽然在本书中不做重点阐述（严格说，这已
属于另外一个营销学领域），但作为解决方案式销售流程的最后一环，其
重要性不言而喻，有必要做一个梳理。"在客户满意度方面 5% 的提高可
以为企业带来双倍的利润。"这是《哈佛商业评论》的一个结论，而世界
知名的通信研究和咨询机构扬基集团在分析报告指出："2/3 的客户离开其
供应商是因为客户关怀不够。"

真正的销售始于售后。通过长效的客户关系管理实现客户满意和忠诚
已经成为企业持续盈利的关键。这一经营理念要求企业提供完善的后续服
务与客户关怀，促成双方牢固的商业伙伴关系，最终实现客户价值最大化
和企业利润的持续增长。

同样重要的是，没有一个解决方案是永远可行的。客户有可能产生

新的问题，需要新的解决方案。如果不与客户保持密切联系，做好客情维护，最后只能被遗忘或沦为一个普通的供应商而不是合作伙伴，日后的生意机会便会变得越来越少。

这里的一个关键词是"客户价值最大化"。所谓"客户价值"不只是客户给企业带来的利润，而是包含两个层面——客户对企业贡献的价值和企业为客户创造的价值。这些构成了客户关系管理的根基，即企业选择有价值的客户，在日常维护中通过全面的服务以及实时的解决方案持续满足客户需求，提高客户投资回报，建立其忠诚度，借此确保客户重复购买或增量购买，同时降低了市场开发的营销成本，扩大企业收益。

本书前文对"价值等式"有过论述。价值的多少取决于一方从另一方获取的利益与为之付出的成本之间的差额，由此我们可以明晰客户关系维护的方向与方法：

- 企业可以通过持续改进产品、服务、人员与形象来增加客户利益获取，同时，可以通过降低客户的货币与非货币支出来减少客户成本付出，实现客户利益最大化。
- 客户则可以通过重复购买、推荐等带来企业收入的增加，同时因客户忠诚而使企业营销成本下降（开发一个新客户的成本是维护一个老客户的 5 ~ 10 倍），实现企业利益最大化。

多年占据中国电子琴市场半壁江山的雅马哈在这方面给我们提供了范例。在进入中国市场初期，雅马哈把战略重点放在了扶持国内的电子琴培训学校。这包括：提供折扣价给培训学校进货，降低他们初期的投资成本；派遣专业老师援助教学，在当地树立口碑，并辅导学校自己的老师；提供先进的教材和教学模式，使学校专业水平在同行中领先，成为招生卖点；赞助电子琴教室装修，提供统一的设计方案，硬件形象也在竞争对手中脱颖而出；协助学校申请国家电子琴考级申请和培训网点，提升在当地的人气和地位，促进招生等。

雅马哈帮助这些学校实现了最大利益和最小成本，实现了客户价值最大化。几年间，全国各地与雅马哈合作的电子琴学校生意蒸蒸日上，作为忠实客户的他们自然把雅马哈看成了电子琴采购的首选品牌，雅马哈也因此在中国市场一路高歌，实现了企业利益最大化。

9.2 客户维护的主要任务

研究表明，销售给潜在客户和目标客户的成功率为 6%，销售给初次购买客户（即新客户）的成功率为 15%，销售给重复购买客户和忠诚客户（即老客户）的成功率为 50%。可见，对重复购买客户和忠诚客户的维护意义重大。

以客户价值最大化为导向，建立一个完整的客户关系管理体系能够帮助我们实施长效的客户维护与管理，在提高客户忠诚度和保有率的同时，提升企业盈利能力。这包括建立客户联络，发展客户关系，创造客户价值以及提升客户忠诚等主要任务事项，使我们懂得人性化接触的方式与客户关怀，扩大、升级客户关系的范畴，完成从产品销量导向到服务价值导向的营销转型，并领会客户忠诚指标的内涵与对策。

9.2.1 建立客户联络机制

出色的客户关系管理要求销售人员首先针对其重要或者核心客户建立持久、定期的联络。其中，两项重要任务是建立客户数据库，以及回访与客户关怀。

1. 建立客户数据库

客户数据库包括客户的基本信息、交易历史、维护计划、分级管理等项内容。建立客户数据库使企业能够对客户信息进行动态储存、跟踪与分析，向其提供良好的被动与主动服务，并在这个过程中识别和全面满足客户需求。

运用客户数据库的一个直接效益是实现对客户的动态管理。企业可以了解和掌握客户的需求及其变化，知道哪些客户何时更换什么产品。例如，美国通用电气公司通过建立详尽的客户数据库，清楚地知道哪些客户何时应该更换电器，并时常赠送一些礼品以吸引他们继续购买。此外，客户数据库还能优化企业跟踪服务的能力，使客户有机会得到更快捷和周到的支持与帮助。

客户数据库的另一重要效益是客户分级管理。Meridien Research 研究机构指出，企业前 20% 的客户产生约 150% 的利润，而后 30% 的客户消耗了 50% 的利润，他们一般是喜欢买便宜货的人，或被特别优惠的计划所吸引，而当企业开始试图从他们身上赚钱时，他们便离去。按客户分级，这前 20% 的客户就是关键客户，企业应该保证足够的投入，优先配置资源，采取倾斜政策加强对关键客户的联络与关怀，并提供"优质、优先、优惠"的个性化服务，提高这一群体的满意度和忠诚度。

例如，IBM 公司原先的经营宗旨是向所有的客户提供完美服务，坚信他们有可能成为 IBM 大宗产品和 IBM 主机的购买者，所以即便是小客户也提供专家团队和上门服务。虽然 IBM 公司因此赢得了很高的美誉度，然而这是以牺牲利润为代价的。后来 IBM 公司开始意识到，在短期内产生极佳效果的"令所有客户满意"的策略在长期并不可行，于是 20 世纪 90 年代以后，IBM 公司果断地区别对待不同层级的客户，降低服务小客户的成本，并且向非盈利客户适当地收取维修费，从而使公司利润大幅上扬。

又如，美国电话电报公司（AT&T）采用高新科技手段，将不同层次的客户分配给各个彼此独立的服务中心，分别为他们提供不同的服务并收取不同的费用，但客户对其中的差别一无所知。当客户呼叫客户服务中心时，中心能迅速甄别出客户类型，根据客户给企业带来的价值不同，后台系统能迅速地把客户呼叫转接到不同的服务中心。AT&T 对不同类型客户的服务标准（如服务时间长度）不一样。对于带来高盈利的客户，客户呼叫的服务时间没有限制，唯一的目标是满足客户的需求。然而对于低盈利的客户，原则是把用于客户呼叫的服务时间缩到最短，降低服务成本。为了不使低盈利客户感到他们被仓促挂线，公司专门对与该类型客户打交道的服务代表进行培训，从而使这些客户感觉享受到的仍然是高水准的服务。

2. 回访与客户关怀

这里的回访是指主动、常规性的拜访，不只在产品出现问题或客户投诉后被动地进行。回访可以上门、电话、邮件等形式并举。回访次数因客户的重要程度而定，无论客户被划为什么等级，或售后服务要求多少，每年至少都要回访一次，以加强客户联络，掌握客户动态，巩固客户关系。

客户联络有五大基本职能，具体如下。

（1）客户关怀：作为感情投资，客户企业或个人有什么问题需要出力或援助？

（2）信息传递：向客户传递哪些有价值的业界信息，成为"消息灵通人士"？

（3）交易推动：如何促进客户的交易进度与重复购买，说对话，做对事？

（4）服务提供：服务始于售后，可以向客户提供什么技术支持或者服务资源？

（5）情报收集：记录客户的意见反馈、需求变化及组织内部任何重要变动！

国内一家酒业媒体曾经刊文"客情维护几招几式"，教酒厂如何维护与下游合作伙伴的客情关系（经销商和终端商），颇为实用。这里不妨列举其中的几个"招式"。

第一招：多种问候有真情

人的情感需求包括两个方面：一是对亲情、友情的需要，二是对归属感的需要，也就是人们希望自己对某一组织有一种寄托和归宿。销售人员的节假日问候可以满足经销商的第二种需求，即归属感。需要注意的是，问候要以真心祝福为主，与经销商在情感上有共鸣，弱化工作氛围，强化感情元素。

第二招：重点客户勤走动

拜访经销商要像走亲戚一样勤，再近的亲戚三年不走动感情也会淡化。拉近与客户感情的最有效方式是常走走，尤其在节假日，一方面可以建立良好的私人感情，另一方面可以使客户感到被尊重，从而对后续的销售更有干劲。

第三招：节日促销尽全力

帮助经销商抓住节日商机多出货，就是对他们最好的维护，尤其是在重大节日（如春节）。每逢重大节日都是经销商终端促销的火拼期，往往有些力不从心，希望有人真心帮他们一把。这正是销售人员表现的机会，不辞辛劳，一起打赢节假日的促销攻坚战。

第四招：活动奖励要兑现

每到年底是兑现活动奖励的时候。答应客户的事一定要及时做到，比如当期奖励要当期给，无法当期兑现的一定要给客户明确的时间，并保证按时到位。针对活动奖励的内容，不要直接将政策丢给客户，而要给他们解释、分析，详细讲解整个活动对他们的好处，利益在哪里。

当然，除了节日期间的客情维护外，对于销售来说，功夫在平日。

第一式：产品价值详细讲解

要让终端老板进货，首先得让他们了解你的产品，最重要的是找出产品亮点，以及与其他同价位产品的不同点，比如生产工艺的差异化、酒窖的不同性、储藏的另类化、合作企业的福利，让终端老板从内心感受到你的产品的核心价值。在向消费者介绍的时候，他们就可以直接引用你的阐述。

第二式：小恩小惠连续不断

把终端老板当成自己的朋友，平时可根据他们的关注赠送一些小礼物。切记，礼物一定不要太贵重，简单、实用、有意义就好。比如，得知他们的孩子今年中考或高考，你可以到书店买一些考前冲刺的书籍和资料赠送，对方会感觉你很用心；得知某个终端老板有一些病症的困惑，你可以在网上找一些治疗的办法，整理成文带去，对方会感觉你不仅是生意上的伙伴，更是生活中的朋友。

第三式：大活小活遇到则干

平时业务人员跑终端，经常会遇到终端老板在搬运货物，或整理店面的情况。这时候，你不要说一句和产品有关的话，而是直接放下回访单、广告宣传等物料，去协助对方做一些力所能及的活，好像你不是一个业务员而是一个店员，对方会因你的实在、热心而感动。无论你是业务员还是经销商老板，在跑终端过程中一定要多观察，多为终端客户做一些力所能及的事情。

第四式：时时分享成功经验

在走访终端的时候要经常搜集终端老板成功卖酒的做法。比如，他们是如何给消费者推荐的，如何做了一次陌生的婚宴酒席，如何挖掘团购资源，然后将其整理成文，在和其他终端老板沟通的时候，将这些具体的方法告诉他们，将成功经验分享给他们，对方一定会对你的专业和帮助给予肯定。

第五式：培训旅游增进感情

在商家条件允许的情况下，组织终端商开展"××品牌之旅"活动，将他们组织在一起。在旅途中，还可以选择一家好的酒店对他们集中培训，让终端商不仅能游玩还能学习到卖酒的知识，双方的关系也在这一过程中得到加强。

第六式：回厂参观增强信心

定期组织终端商进行回厂之旅，由厂方全程接待，并安排专职人员讲解产品的生产流程、企业文化、工厂历史等内容，让他们对酒厂的产品优势和企业资源有更深的了解，回去后在向消费者介绍产品时，也更有信心和说服力。回厂之旅需要经销商和企业协作完成，从邀请到送回都要有具体的流程，确保客户回厂后能有所收获，对企业和产品有更深的认知。

第七式：个人嗜好多做交流

无论终端商有什么嗜好，你都能和他们侃上一会儿。比如，老板喜欢篮球你就多和他交流 NBA，老板喜欢足球你就和他说世界杯，老板喜欢钓鱼你就告诉他周边最好的钓鱼场所，老板喜欢打麻将你就和他探讨打牌中的必胜秘诀。当然，这些东西需要花时间去研究。

第八式：生日家庭人文关怀

要做好客户维护工作，还要了解老板的生日、老板娘的生日、他们的结婚纪念日、小孩的生日、父母的生日等。要建立相应的数据库，在终端老板特定节日或公众节假日的时候，以公司的名义或业务员的名义向他们发送祝福慰问短信或赠送小礼物，分量小却价值大。

第九式：位置距离时刻保持

终端客情在市场服务过程中固然重要，但不要违背市场原则。比如，恶意和终端商联合窜货，或为某个终端商搞特殊，这些情况都是不允许的。要时刻以正能量的市场服务为导向，与终端商保持一定距离，在对方提出不正当要求时，当机立断给予拒绝。

9.2.2　持续发展客户关系

客户始终存在变数。比如，客户的人事结构会有变更，产品质量会影响客户的满意度，长期疏远会造成客情关系淡化，客户的需求会随时间发生改变，而对手也在不断寻找你的漏洞。发展客户关系，就是将"变数"转化为"常数"，保证双方合作关系延续，有效应对失误与危机，关注客户问题并提供帮助，及时发现客户的采购动向，对竞品保持监控与反应。

发展客户关系包括扩大客户关系范围和提升客户关系层级两项核心任务。

1. 扩大客户关系范围

从销售与采购之间的个人级关系范围上升到企业销售部门与客户采购部门之间的部门级关系范围。如果是战略性的重要客户，设法升级至两个企业组织之间的公司级关系范围。

　　客户关系如果仅限于销售代表与采购专员个人之间，风险是不言而喻的。采购人员可能会离职、转岗，或因为种种原因造成关系冷落。如果没有"储备"人选或得不到客户内部其他人员的支持，任何变数都会导致失去这个客户。另外，从采购风险的角度分析，如果购买决定出自采购专员一人，不安全感就会加重，一旦有闪失不免会背黑锅，特别是当这项采购决定当初未能得到其主管或其他相关人员充分认同时更是如此。这些都是客户重复购买的潜在障碍，总之，不能把鸡蛋放在一个篮子里。

　　构建企业销售部门与客户采购部门的全面人际关系能够有效解决上述问题。接触对象不仅有采购的执行者，还包括采购的决策者、影响者、监督者等部门内外的其他成员，并保持定期、友好的互动。这时，客户内部走任何一个人对你来说已无关大碍，你总能找到下一个支持者。即使采购的执行者因为种种原因想变卦，也必须掂量一下后果或未必就能做到，因为你和其主管及周边人员已建立起了牢不可破的关系。

　　对于战略性的重要客户，应努力把客户关系继续升级至全方位的公司级关系范围，自己企业的销售、服务、生产、技术、财务、物流等职能部门与客户的相关部门对接，建立全面的联系制度与合作计划，必要时双方高层管理人员可以加入，并建立良好的个人友谊。

2. 提升客户关系层级

　　企业和客户建立的是情感关系、利益关系而不只是技术关系，因而企业与客户关系的维护靠的不仅是技术，更重要的是情感和利益，靠客户和企业互动过程中的体验，这些光凭计算机软件或数据库技术是无法解决的，也是无济于事的。

　　本书在第 7 章中已专门论及客户关系发展的课题，可分为认识、约会、伙伴、同盟四个等级。这一关系法则应贯穿客户前期开发与后期维护的始终。项目越大，竞争越激烈，企业与客户的关系级别要求越高。对于那些需要深接触、多接触的有职有权者、无职有权者，通常关系要做到"约会"以上，理想状态达到"伙伴""同盟"。对于可以发展成内线的有职无权者、无职无权者，也力争要做到"约会"级别。

axxon 是中国流体控制化领域的知名企业，前文有一个案例涉及客户切入的课题，这里不妨再引用一个关系维护的案例。

◎ 案例 9-1　　　全天候客户关系经营

客户背景

一家科技公司，经过 1 个多月的测试，axxon 公司终于与其签订设备合同。签单完成后，axxon 公司与客户多部门保持联络，以保证耗材订单和后续持续设备订单。

联系部门

生产部门（一线使用人员、生产经理）、工程部门（工程师、工程经理）、采购部门（采购员、采购部长）。

回访频率

（1）一线使用人员、工程师和采购员联系周期较短，两周左右联系一次，保证了解设备的使用情况以及近期的订单状况。

（2）生产经理、工程经理和采购部长，1 个月左右联系一次，保证与客户的良好联络和客户面前的熟悉度。

（3）两个月左右与客户聚餐或面谈一次，有选择地运用客户联络五大职能（客户关怀、信息传递、交易推动、服务提供、情报收集）深化与客户的工作与情感交流。

维护要点

（1）凡产品更新升级，第一时间告知客户，显示尊重，并使客户一直感受到 axxon 公司的努力，对设备不断加深正面印象。

（2）销售人员与客户一线人员保持半个月一次的电话或邮件交流，始终在客户端保持良好的可见度。

（3）对客户管理人员，一两个月一次的会面是必需的，以建立部门级的关系纽带，为后续订单提供保障。

（4）逢年过节，保持电话或实物的问候。

（5）设备出现任何状况，第一时间为客户提供优质的服务。

虽然不乏这么好的案例，但在培训调研中 axxon 公司的销售负责人还是对业务人员如何做好客户关系维护提出了更高要求："很多时候，项目结束后，客户关系都趋于冷清，等到下次有新项目时才开始频繁接触。如何维护长期有效的客户关系，axxon 急需改善。"

9.2.3 增加客户价值获取

在客户关系管理中增加客户价值获取，就是把工作重心从产品销量转移至对客户的价值贡献和成本削减；立足全过程、多方位的咨询，提供解决方案而不只是交易；关注业务改进与创新，提高客户的投资回报，致力于双赢。

销售人员此刻应该完成重要的角色转型，从"销售经理"变身为"客户经理"。前者致力于卖出更多产品，多以个人业绩为导向；后者站在客户角度提供专业建议、方案及增值服务，帮助客户经营成功。真正意义的"客户经理"定位四项工作——客户服务、关系维护、业务咨询以及产品营销，致力于成为客户可咨询和可信赖的顾问，提高买方投资效益。

创造客户价值的理念可以从现代营销学之父菲利普·科特勒的"顾客让渡价值理论"中找到答案。顾客让渡价值是顾客总价值与顾客总成本之间的差额。顾客总价值指顾客购买某一产品与服务所期望获得的一组利益，包括产品价值、服务价值、人员价值和形象价值等。顾客总成本则是为购买某一产品所耗费的时间、精神、体力以及所支付的货币资金等。因此，顾客总成本包括货币成本、时间成本、精神成本和体力成本等。

顾客在选购产品时，往往从价值与成本两个方面进行比较分析，从中选择"顾客让渡价值"最大的产品作为优先选购的对象。企业为在竞争中战胜对手，吸引更多的潜在顾客，就必须向顾客提供比竞争对手更高的"顾客让渡价值"的产品，做好"加减法"（见图 9-1）。

图 9-1　顾客让渡价值

1. 提高顾客总价值

（1）提升产品价值。不断创新，为客户提供差异化的产品或服务。任何产品或服务都有生命周期，企业理应关注客户需求，持续推陈出新。如肯德基自 1987 年在北京前门开中国第一家餐厅至今，已成为中国规模最大、发展最快的快餐连锁企业，产品从 2000 年的 15 种增加到 60 种。由中国团队研发的老北京鸡肉卷、新奥尔良烤翅、四季鲜蔬、早餐粥等广受好评。

（2）提升服务价值。售前及时向客户提供充分的关于产品性能、质量、价格、使用方法、效果等信息；售中提供准确的发货、安装、调试、培训等服务；售后重视信息反馈和技术支持，及时处理客户的意见，主动退换有问题的产品，迅速维修解决故障。

（3）提升人员价值。提升人员价值在于"老板"及全体员工的客户意识、工作效率、业务水平、应变能力和团队精神等。显然，企业人员是否愿意帮助客户、理解客户以及是否有好的职业素养、响应时间和沟通能力等因素都会影响客户感知价值。任何时候，人总是第一生产力。

（4）提升形象价值。形象价值在很大程度上是产品价值、服务价值、人员价值的综合反映。企业还可以通过形象广告、公益活动、媒体报道、赞助项目、行业展会等方式优化品牌形象，提高客户对企业的满意度和荣誉感。

2. 降低顾客总成本

（1）降低货币成本。坚决摒弃追求暴利的短期行为，在条件允许的情况下提供灵活的付款方式或资金融通等便利，还可以通过开发替代产品或低纯度产品，以及使用价格低的包装材料或改用大包装等措施，降低产品价格，降低客户的货币成本，从而提高客户的感知价值和满意度。

（2）降低时间成本。在麦当劳，当客户排队等候人数较多时，服务人员会给排队客户预点食品。当该客户到达收银台时，只需递上点菜单即可，提高了点餐速度，缓解了烦躁情绪。

（3）降低精神成本。一是推出承诺与保证。安全性、可靠性越重要的购买，承诺就越重要。二是提供主动、周到、温暖的服务和帮助。三是积极、认真、妥善地处理客户投诉。IBM公司的调查显示，企业对售后发生的问题如能迅速圆满地解决，客户的满意度将比没发生过问题更高。

（4）降低体力成本。对于搬运不便、安装复杂的产品，企业如果能为客户提供诸如送货上门、安装调试、定期维修、供应零配件等服务，就可以大大增加客户重复购买或转介绍的意愿。

◎ 案例 9-2　　　　客户为什么屡屡关机

我在给一家全球著名的音响设备制造商做内训期间，收到学员写来的一个案例（这是训前调研的一部分，收集和讨论客户真实案例，使培训更实战、实用和实效）。

学员案例原文：

> 背景：客户是我们的代理商，一家专业音响工程公司，代理包括我们在内的世界一线品牌的专业音箱、话筒及调音台设备。主要销售对象是国内大型剧场剧院、体育场馆、演出租赁公司、广播电视和酒吧会所等娱乐场所（少部分）。
>
> 市场行情不容乐观。政策号召一切从简，国有项目停滞，政府演出活动取消，各种晚会也都暂停，外加竞品的强大攻势，

销售形势严峻。我们公司产品在代理商的库存已达到 200 多万元，并且每个型号都有备货，热销产品超额备货。

问题：本月自己的销售目标为 65 万元。到目前为止，邮件发送过 3 次给代理商总经理以及各相关部门负责人，始终没有回音。总经理一直关机或不接听，部门负责人虽然态度好，但不能拍板。代理商给我们的答案是库存什么都有，另外没有项目出货，而且由于市场冷淡，遭到了客户之前预定两套设备的退单。

在之前一个月与代理商老板的接触中，我们使用了各种方法，可以说摸准了老板的性格喜好。会谈地点也由会议室转移到了茶室乃至饭桌，不断变换，主要是为营造不同的气氛，缓解一些可能出现的尴尬场面，彼此给对方留下一定表述的时间。

但是按照目前的情况看，压货已不可能，65 万元的销售指标完成不了。

课堂上，学员对这一真实事例进行了讨论。一些观点认为销售人员努力了，只是"生不逢时"，但随着分析的深入，案例背后的症结逐渐清晰。我作为讲师的现场点评如下：

表面上看，销售人员很努力，可谓用心良苦，但事与愿违。为什么？

一个最大的问题是，自始至终，销售人员想到的只是如何填补自己的月度销售指标，完成任务，而根本没有考虑代理商的问题和诉求，没有去想代理商到底需要什么，自己又能为代理商做什么！

代理商为什么屡屡关机甚至避而不见？这是因为眼前的这个销售人员对自己没有任何帮助或价值，只知道一味地压货。销售人员始终站在自己的立场行事，销售不是客户导向，而是自我利益驱动。面对这样的卖家，买家又怎么可能埋单呢？

其实，代理商眼下的日子不好过，最关心的是如何挣钱，以及我们如何能给他们提供更多的资源来渡过难关。这些才是销售人员应该多下功夫、早下功夫的地方，饭局无疑只是在浪费时间。

有朝一日，如果我们的销售人员真的成为一个能为客户解决问题、打理业务的顾问，成为对方一个不需要发工资的"营销总监"，那么不是代理商关机，而是我们要关机了……

在讲师点评后，各组学员就案例以情景再现的方式进行了讨论，这次讨论热烈、持久，最后想出的对策多样、灵动，充分体现了客户导向的销售思维，让人眼睛一亮，看到希望。比如整合企业的高校资源，帮助代理商扩展销售渠道，用于校内音乐活动和演出；鉴于代理商在新客户开发中有成本和人手的困难，企业可以提供工程师协助安装和调试，分摊人工成本，价格和利润可不做让步……

9.2.4 全力打造客户忠诚

什么是"客户忠诚"？它是客户对企业产生依赖的一种行为倾向——客户对所购的特定产品或服务产生了好感或依赖，并形成行为上的偏好，进而可能重复这一行为。衡量客户忠诚有两类指标，企业可以根据这些指标时时给自己的客户关系管理打分：

● 基本指标

保持周期性的重复购买行为

愿意购买企业的其他产品或服务

将企业及其产品推荐给他人

对竞品的营销吸引视而不见

对企业有良好的信任，能够容忍服务过程中的偶尔失误

- 附加指标

  客户份额占比

  有效推荐

  关系持续时间

  交易频率及营业额

  生命周期价值

客户忠诚的意义之大，无人怀疑。一个公司如果将其顾客流失率降低5%，那么利润收入就能增加 25% ～ 85%。老顾客会不断重复甚至增加购买，并向别人推荐，对价格不敏感，从而减少企业的营销成本。成功打造客户忠诚，除了前期解决方案的完美执行以及后期在客户关系维护阶段有效地建立客户联络机制，持续发展客户关系，增加客户价值获取，还可以从以下几个方面入手，夯实客户忠诚的基础。

1. 奖励忠诚，增加客户收益

追求利益是客户的基本价值取向。客户乐于与企业建立长久关系，主要原因是希望从中得到优惠和特殊关照。例如，为了提高分销商的忠诚度，企业可以采取以下几方面的措施。

（1）授予分销商以独家经营权。如果能够作为大企业或品牌产品的独家经销商或代理商，那么可以树立分销商在市场上的声望和地位，有利于调动分销商的经营积极性。

（2）让利或提供奖励。如降低卖给分销商的价格使其有足够的利润空间，或组织分销商进行销售竞赛，对绩效显著的优胜者给予适当奖励。

（3）为分销商培训销售人员和服务人员，特别是当产品技术性强，推销和服务需要一定的专门技术时更是如此。如美国福特汽车公司在向拉美国家出售拖拉机的过程中，为其经销商培训了大批雇员，培训内容主要是拖拉机和设备的修理、保养和使用方法等。此举提高了经销商在拖拉机维修服务方面的能力，迅速扩大了对福特公司拖拉机的经销量。

（4）为分销商承担经营风险。只要分销商全心全意地经营本企业的产品，就保证不让其亏本；在产品涨价时，对已开过票还没有提走的产品不提价；在产品降价时，对已提走但还没有售出的产品按新价格冲红字。这样分销商就等于吃了定心丸，敢于在淡季充当蓄水池，提前购买和囤积，使企业的销售出现淡季不淡、旺季更旺的局面。

（5）由企业出资做广告，也可以请分销商在当地投放广告，再由企业提供部分甚至全部资助。

（6）向分销商提供信贷援助。如允许延期付款、赊购，尤其当分销商的规模较小或出现暂时财务困难时这种信贷援助就显得更为宝贵。如有条件还可互购，既向分销商推销产品又向分销商购买产品。

2. 培育客户对企业的信任与感情

关于信任，由于客户的购买存在一定风险，因此与企业交易的安全感是客户与企业建立忠诚关系的主要动力之一。客户为了避免和减少购买过程中的风险，往往总是倾向于与自己信任的企业保持长期关系。研究显示，信任是构成客户忠诚的核心因素，使购买行为变得简单易行，也使客户对企业产生依赖感。

一系列的客户满意产生客户信任，长期的客户信任形成客户忠诚。企业要建立高水平的客户忠诚还必须把焦点放在赢得客户信任而不仅是客户满意上，并且要持续不断地增强客户信任，这样才能获得客户对企业的永久忠诚。

关于感情，建立客户忠诚说到底就是赢得客户的心。联邦快递的创始人弗雷德·史密斯有一句名言："想称霸市场，首先要让客户的心跟着你走，然后才能让客户的腰包跟着你走。"因此企业在与客户建立关系之后，还要努力寻找交易之外的互动，加强与客户的感情交流与投资，从而提高客户转换供应商的精神成本，使客户不忍离去。前文讲述的客户关怀就在于培育感情。遇客户企业庆典、纪念、获奖要祝贺，个人升迁、生日、婚事要道喜，这是锦上添花；遇客户单位故障、求助、紧急情况要第一时间响应，个人丧事、病患、升学要慰问及施以援手，这是雪中送炭。

美国人维基·伦兹在其所著的《情感营销》一书中也明确指出："情

感是成功的市场营销的唯一的、真正的基础，是价值、客户忠诚和利润的秘诀。"加拿大营销学教授杰姆·巴诺斯通过调查研究指出，客户关系与人际关系有着一样的基本特征，包括信任、信赖、社区感、共同目标、尊重、依赖等内涵。客户关系的本质是建立客户与企业之间的情感联系。当企业真正做到客户关怀，与客户建立超越经济关系之上的情感关系，才能赢得客户的心和忠诚。

3. 提高转换成本

转换成本（学习/经济/情感）是客户从一个企业转向另一个企业需克服多大的障碍或增加多大的成本，是客户为更换企业需付出的各种代价的总和。

转换成本可以归为以下三类：

（1）学习成本，包括为掌握、适应某种产品或服务投入的时间成本、精力成本等。

（2）经济成本，包括技术转换成本、财务损失成本、采购风险成本等。

（3）情感成本，包括个人关系成本、企业资源成本等。

例如，软件企业一开始为客户提供有效的服务支持，包括平台搭建、操作培训、设备保养及事故处理等，使之成为客户日常运营的管理中枢。

一段时间后，客户对软件操作开始驾轻就熟，而整个企业的管理也高度依赖这一系统。这时如果客户导入一套新的软件系统，就意味着从头开始（学习成本），网络架构得重新设计（经济成本），还要与新的供应商一起慢慢磨合（情感成本）……所以，客户多半会很谨慎，趋于选择原来的供应商。

另外，如机票的贵宾卡、超市的积分卡以及快餐店的组合玩具等，也可以提高客户的转换成本。因为客户一旦流失就将损失里程奖励、价格折扣、集齐玩具等利益，这样就可轻易将客户套牢。

4. 建立与客户的结构性联系

结构性联系是指企业已经渗透到客户的业务中间，双方已经形成战略联盟与紧密合作的关系。

经验表明，客户购买一家企业的产品越多，对这家企业的依赖就越大，客户流失的可能性就越小，就越可能保持忠诚。原因之一是企业在为客户提供物质利益的同时，还可通过向客户提供更多、更宽、更深的服务建立与客户结构性的联系或纽带。如为客户提供生产、销售、研发、管理、资金、技术、培训等方面的帮助，为客户提供更多的购买相关产品或服务的机会，这样就可以促进客户的忠诚。

本书前文专门对全球食品与饮料包装业巨擘利乐的"依赖症"做过分析。在中国液态奶常温无菌纸包装市场，利乐是绝对的老大，市场份额远超竞争对手，答案在于利乐卖的是"More than the package"（远不止于包装）。利乐在输出产品的同时，深度介入客户的组织与运营，共同打造核心竞争力。据称，当蒙牛成功上市时，服务蒙牛的利乐团队和蒙牛的管理团队抱头痛哭，这说明利乐元素已经深入客户的核心经营层面了。在乳制品行业，利乐远不止扮演一个设备和材料供应商的角色，而是在诸如帮助乳企规范奶源建设、生产运营与流程优化、包装设计与品牌推广、渠道开发与终端管理以及消费者教育等领域全方位提供辅导。这种参与整体产业链的运作方式最终让客户获得更多来自利乐的支持，也让利乐赢得客户的忠诚（或者说"依赖"）。

无独有偶，全球最大的日用消费品公司之一宝洁（P&G）在建立与客户的结构性联系方面也是棋高一着。宝洁的营销成功得益于其"助销"理念——帮助经销商开发、管理目标区域市场，提出了"经销商即办事处"的口号。

宝洁每开发一个新的市场，原则上只物色一家经销商（大城市一般两三家），并派驻一名厂方代表。厂方代表的办公场所一般设在经销商的营业处，肩负全面开发、管理该区域市场的重任，其核心职能是管理经销商及下属的销售队伍。

为了提高专营小组的工作效率，一方面宝洁不定期地派专业培训师前来培训，内容涉及公司理念、产品特点及谈判技巧等各个方面，进行"洗脑"；另一方面厂方代表必须与专营小组成员一起拜访客户，协同销售并给予实地指导。专营小组成员的工资、奖金甚至差旅费和电话费等都由宝洁提供。厂方代表依据销售人员业绩，以及协同拜访和市场抽查结果，确定小组成员的奖金额度。

9.3　将客户忠诚进行到底

客户关系管理在于立足服务营销，全面掌握客户信息，与客户保持有效沟通，建立信任，为客户提供优质服务，提高客户满意度与忠诚度，从而实现客户价值和企业收益的最大化。做好客户维护和建立客户忠诚的重大意义如下。

1. 降低维系老客户和开发新客户的成本

与客户保持良好、稳定的关系，企业可以节省针对这些客户的宣传、促销等费用。企业对稳定的老客户开展"一对一"精准的营销，成功率也更高。另外，企业通过老客户的口碑效应有效吸引新客户加盟，可以减少客户开发费用与整体营销成本。

2. 实现企业交易成本的最小化

好的客户关系使企业和客户之间较易形成合作伙伴关系，更容易实现交易，并且由过去逐次逐项的谈判交易发展成为例行的程序化交易，从而大大降低搜寻成本、谈判成本和履约成本。

3. 带给企业源源不断的销售收入与利润

客户的增量购买和交叉购买可以提高企业销售收入和市场占有率，带来源源不断的利润。基于对企业的好感，客户对产品或服务的价格敏感度降低，还愿意在一定程度上容忍企业的某些失误，不会轻易流失。

4. 提高客户的满意度与忠诚度

由于与客户有了联络机制，企业可以掌握一手资料，第一时间发现客户需求变化，从而及时推出新产品、新服务，缩短新产品的开发周期。企业也可以从客户的反馈中发现不足，及时改进产品服务或调整经营策略，持续提升客户的满意度与忠诚度。

市场竞争其实就是企业争夺客户的竞争，吸引和开发新客户、维系和做大老客户是企业生存和发展的根本。要在激烈的市场竞争中保持优势，企业必须基于解决方案式销售的战略思维巩固和发展客户关系，成为长期的商业合作伙伴，并把客户忠诚作为一项宝贵资产和战略目标来经营和管理。

后记

让人成为最大的"卖点"

这个商业世界似乎一向不缺"高深"的市场战略和所谓的营销"高手",他们在宏观层面上讨论何时进入一个竞争性市场及何时退出,如何分析市场机会,实施市场细分,选择市场目标,完成市场定位,以及随之而来的如何运用诸如 4P 一类的营销组合理论制订市场计划和方案,等等。

这些人通常看起来要比一线销售人员有地位得多,受人尊敬,不过却少有专门从微观入手的策略和方法帮助人们如何把这些花瓶一样精美的市场战略(通常被称为营销)付诸实施。其结果是那些华丽的战略和愿景被束之高阁,蒙上了一层灰,原因只是因为这些理论很少能告诉别人如何使公司的每次销售有所不同——因为他们面对的客户因人而异,仅仅说"市场定位"远不能解决问题。

所以,当你看到那些愿景、目标、定位、策略等要素一个不缺的公司却接连倒下,你便无须奇怪。这不单是执行力的问题,而是因为他们的销售人员缺乏必要的客户意识和行之有效的做单方法,因而冲锋陷阵的能力有限,自然败给对手。显然,企业还是要多关注一线销售的那些事儿,是他们每天把产品拿出去、把钱拿回来。

比如,产品的差异化,其目标是使你的产品在客户看来,有别于市场上众多的其他同类产品。以营销的视角而言,这种差异性始于产品设计,辅以定价、促销、广告等一系列手法。不幸的是,那些著书立说者到此便收笔了，以为既然产品已经出炉，定价、包装、推广等已有着落，营销便已结束。事实上，正是在这一时间点（当产品开始面对一个个不同的客户并寻求成交）销售才刚开始，差异化的考验才刚到来。

成功的销售需要懂得把自己的产品与竞争对手区分开来，因为纯粹营销意义上的设计、价格、定位、促销等要素的差异化已变得越发艰难。在红海中找到蓝海，最终还得看你如何销售。因此，当我们试图把产品卖给一个个单独的客户，也许用"微观差异化"定义产品的独特性更贴切，这有助于避免与传统营销宣扬的宏观差异相混淆，如定价和广告。

例如，广告为求差异化营销，往往强调产品的强项在哪里，面对一个目标市场在哪一点上能够打动未来的买家。如果你幸运地来到一个具有高度一致性的市场，那里所有的人都按一种方式行事，或有同样的需求，那么广告一定对每个人都有相同的穿透力。但问题是，这样的市场只是一种假设，企业显然不能依赖产品的"宏观差异"向有不同购买需求以及决策准则的客户销售。

有这样一个案例。一位春风得意的营销经理人被聘担任一家专业生产和销售工业空调设备系统公司的销售主管。新主管对公司的销售业绩不满，在与销售部门成员一一见面后，他认为销售人员的技能有待提高。"大多数人甚至还不能在客户面前做一个漂亮的产品介绍演示。"主管抱怨道。

于是，这位新主管决定根治他所发现的不足，提出"以营销之法做销售"。他请来市场研究机构分析公司的产品，梳理自家设备优于竞争对手的强项。接着，新主管委托广告公司设计一个标准版的销售演示文稿，将那些在市场研究中总结的差异化优势一一定格。所有这些做法曾使他在之前效力过的公司获得成功。当新的销售演示文稿终于完成时，主管要求销售队伍中的每个人将之谨记于心，并在与所有重要客户的见面中使用。

遗憾的是，尽管前期投入可观，销售业绩并没有出现任何看得到的增长。新主管怀疑问题是销售队伍不在使用他设计的演示文稿，于是派出专人暗访。跟访者发现，确实有一部分人没在使用，但这不是导致销售失败的原因；相反，那些业绩不理想的销售人员倒是循规蹈矩地在用，销售拔尖的人却扔之一边，只是在高层主管同往时才打开文件。

其中一位业绩不错的销售人员说："如果客户千篇一律，那么这些精美的演示文稿当然用得上，它告诉客户我们如何在运行成本和噪声控制上优于竞争对手。但就我最近开发的三个新客户而言，没有一个在意噪声的，而谈到运行成本的只有一个。要是我在拜访中演示这些东西，对客户没有任何意义。根据所掌握的信息，我对一个要赶工期的客户强调了设备安装如何迅速。对另外一个客户，我拿到订单是因为他们仍想利用现有的空气压缩机，我告诉他如何能做到这一点。最后一个客户要的是一套能够拆卸的空调系统，明年他们要搬往新厂。如果我还在滔滔不绝地谈成本和噪声，他们一定不会把订单给我。"

这位新主管犯的一个错误是在一个客户需求多变的市场，走单边的"宏观差异化"路线，其结果是无法向每个与众不同的客户显示"微观差异化"。他没有意识到真正决定销售成败的，是在单个客户层面上的产品差异化能力。

所以，成功的销售一定是以客户为中心而非拘泥于产品本身，一定注重提问、倾听而非激情式的产品介绍，一定是"微观差异化"而非"宏观差异化"。关键在于学会从解决客户问题的角度来考虑你的解决方案，如此，那些把你挡在门外的客户才会少些。

其实，营销着眼于宏观，这没有错，但只是起点，销售则进而解决微观问题，实现成交和企业利润最大化，这才是归宿。所谓产品的"微观差异化"其实就是强调销售过程中人的因素。任何时候，人总是第一生产力，是最大的"卖点"，而要把这种差异化发挥到极致，一定得有好方法，解决方案式销售无疑开启了一扇成功之门。

现今市场，同质化竞争已是挥之不去的现实，产品很难差异化，结果往往是价格战，当然还有灰色交易。然而产品可以"没有"差别（事实不尽如此），人却不可能是一样的。一样的产品不同的人在卖，结局完全不同。解决方案式销售就是要在人的方面加分，让销售因为自身的优秀而在红海中看到蓝海。这一全新的营销理念和流程要求供应商不再止于单件产品或服务的交易，而是深度诊断客户经营中的难点、关注与需求，强调全过程、多方位的咨询与服务，为客户提供解决问题的思路、手段，从而保证客户经营成功。

所以，让人成为最大的"卖点"本质上就是做深度营销。最终销售人员使自己成为客户采购过程中一位可咨询和信赖的专家、帮手，最大限度地提高他们的投资效益，构建合作伙伴关系。这也是解决方案式销售的核心和本书演绎的起点。

参 考 文 献

[1] Neil Rackham. SPIN Selling [M]. New York: McGraw-Hill Inc., 1988.

[2] 杰克·韦尔奇，约翰 A 伯恩. 杰克·韦尔奇自传 [M]. 曹彦博，孙立明，丁浩，译. 北京：中信出版社，2001.

[3] 杰弗里·吉特默. 销售圣经 [M]. 陈召强，译. 北京：中华工商联合出版社，2009.

[4] 罗伯特 B 西奥迪尼. 影响力 [M]. 陈叙，译. 北京：中国人民大学出版社，2006.

[5] 赫布·科恩. 谈判天下 [M]. 谷丹，译. 深圳：海天出版社，2008.

[6] 亚伯拉罕·马斯洛. 动机与人格 [M]. 许金声，译. 北京：中国人民大学出版社，2007.

[7] 戴尔·卡耐基. 人性的弱点 [M]. 陶曚，译. 北京：外文出版社，2012.

[8] 史蒂芬·柯维. 高效能人士的七个习惯 [M]. 高新勇，王亦兵，葛雪蕾，译. 北京：中国青年出版社，2008.

[9] 戴维·帕门特. 关键绩效指标：KPI 的开发、实施和应用 [M]. 王世权，秦锐，张丹，译. 北京：机械工业出版社，2012.

[10] 袁园，罗飞，朱克刚，朱建平. 浅谈中国乳业的利乐依赖症 [J/OL]. 中国营销传播网，2013-12-28.

[11] Neil Rackham. Major Account Sales Strategy [M]. New York : McGraw-Hill Inc., 1989.

[12] 科特勒咨询集团. 行动销售 ™ [J/OL]. 中华品牌管理网，2007-10-20.

[13] 菲利普·科特勒，凯文·莱恩·凯勒. 营销管理 [M]. 王永贵，陈荣，何佳讯，徐岚，译. 上海：格致出版社，2012.

[14] 瑞克·佩.竞争性销售 [M].何涌,译.北京:中国财政经济出版社,2004.

[15] 史蒂芬 E 黑曼,黛安·桑切兹,泰德·图勒加.新战略营销 [M].齐仲里,姚晓冬,王富滨,译.北京:中央编译出版社,2004.

[16] 刘子安.销售与客户关系管理 [M].北京:对外经济贸易出版社,2011.

[17] 苏朝晖.客户关系管理 [M].北京:清华大学出版社,2010.

[18] 王鉴.以客为本,从买家角度做销售 [J].《培训》杂志社,2007(11).

[19] 王鉴.SPIN 技法——让销售者变身业务顾问 [J].《培训》杂志社,2007(12).

[20] 王鉴.专业销售突破 [J].《培训》杂志社,2008(05).

[21] 王鉴.走出销售误区 [J].《培训》杂志社,2008(10).

[22] 王鉴.产品差异化的"软硬"策略 [J].《培训》杂志社,2009(01).

[23] 王鉴.客户管理行动指南 [J].《销售与市场》杂志社,2015(06).

最新版

"日本经营之圣" 稻盛和夫经营学系列

任正非、张瑞敏、孙正义、俞敏洪、陈春花、杨国安　联袂推荐

序号	书号	书名	作者
1	9787111635574	干法	【日】稻盛和夫
2	9787111590095	干法（口袋版）	【日】稻盛和夫
3	9787111599531	干法（图解版）	【日】稻盛和夫
4	9787111498247	干法（精装）	【日】稻盛和夫
5	9787111470250	领导者的资质	【日】稻盛和夫
6	9787111634386	领导者的资质（口袋版）	【日】稻盛和夫
7	9787111502197	阿米巴经营（实战篇）	【日】森田直行
8	9787111489146	调动员工积极性的七个关键	【日】稻盛和夫
9	9787111546382	敬天爱人：从零开始的挑战	【日】稻盛和夫
10	9787111542964	匠人匠心：愚直的坚持	【日】稻盛和夫 山中伸弥
11	9787111572121	稻盛和夫谈经营：创造高收益与商业拓展	【日】稻盛和夫
12	9787111572138	稻盛和夫谈经营：人才培养与企业传承	【日】稻盛和夫
13	9787111590934	稻盛和夫经营学	【日】稻盛和夫
14	9787111631576	稻盛和夫经营学（口袋版）	【日】稻盛和夫
15	9787111596363	稻盛和夫哲学精要	【日】稻盛和夫
16	9787111593034	稻盛哲学为什么激励人：擅用脑科学，带出好团队	【日】岩崎一郎
17	9787111510215	拯救人类的哲学	【日】稻盛和夫 梅原猛
18	9787111642619	六项精进实践	【日】村田忠嗣
19	9787111616856	经营十二条实践	【日】村田忠嗣
20	9787111679622	会计七原则实践	【日】村田忠嗣
21	9787111666547	信任员工：用爱经营，构筑信赖的伙伴关系	【日】宫田博文
22	9787111639992	与万物共生：低碳社会的发展观	【日】稻盛和夫
23	9787111660767	与自然和谐：低碳社会的环境观	【日】稻盛和夫
24	9787111705710	稻盛和夫如是说	【日】稻盛和夫
25	9787111718208	哲学之刀：稻盛和夫笔下的"新日本 新经营"	【日】稻盛和夫

"日本经营之圣" 稻盛和夫经营实录
（共6卷）
跨越世纪的演讲实录，见证经营之圣的成功之路

书号	书名	作者
9787111570790	赌在技术开发上	【日】稻盛和夫
9787111570165	利他的经营哲学	【日】稻盛和夫
9787111570813	企业成长战略	【日】稻盛和夫
9787111593256	卓越企业的经营手法	【日】稻盛和夫
9787111591849	企业家精神	【日】稻盛和夫
9787111592389	企业经营的真谛	【日】稻盛和夫

推荐阅读

OKR：源于英特尔和谷歌的目标管理利器

ISBN：978-7-111-57287-9

OKR教练实战手册

ISBN：978-7-111-70537-6

绩效使能：超越OKR

ISBN：978-7-111-61897-3

真OKR

ISBN：978-7-111-71732-4

OKR完全实践

ISBN：978-7-111-65886-3